日本史　敗者の条件

呉座勇一
Goza Yuichi

PHP新書

はじめに

人生訓やビジネスの指針を得るために歴史に学ぶ、という趣旨の書籍や記事は枚挙に暇《いとま》がない。しかし、それらの多くは、成功者・勝者に学ぶというものである。勝者の成功物語は血湧き肉躍り痛快だからだろう。

けれども、歴史上の華麗な成功例に学ぶという手法には限界がある。桶狭間《おけはざま》の戦いのような鮮やかな成功例は、歴史上あまり存在しないからこそ注目される。長い歴史の中で例外と言っても良いような成功事例を参考にすることは、はたして妥当なのだろうか。

江戸時代の大名で剣術の達人でもあった松浦静山《まつらせいざん》が説いたように、「勝ちに不思議の勝ちあり、負けに不思議の負けなし」である。華麗な成功は必ずしも「勝利の方程式」に基づくものではなく、偶然や幸運に支えられていただけであることがままある。一方で、敗北や失敗には明確な原因がある。

　であるならば、むしろ歴史上に無数に存在する凡庸な失敗を反面教師とするほうが役に立つのではないだろうか。景気が悪く退屈な話だったとしても、敗者の失敗に関心を寄せ、同じ轍《てつ》を踏まないよう心がけるほうが、成功者の派手で華麗なリーダー論に接して気分が良くなるよりも、よほど意義がある。本書では、あえて歴史上の敗者に注目し、彼らがなぜ敗《やぶ》れたか、失敗したのかを考察していく。

　本書で取り上げる歴史上の「敗者」は八人である。時代の古い順に並べると、源義経、後鳥羽上皇、織田信長、明智光秀、石田三成、田沼意次、西郷隆盛、山本五十六《いそろく》となる。

　ただ、この八人は、組織の中での立場が異なる。たとえば織田信長は組織の長であったが、明智光秀は信長に仕える存在であった。そこで立場に応じて、大まかに分類する。

　第一に、現場監督、現場の指揮者である。よく知られているように、源平合戦において、源頼朝は挙兵当初を除いて、ほぼ鎌倉におり、戦場に赴《おもむ》いていない。戦場で軍を指揮し、平家を滅ぼしたのは頼朝の弟の義経である。現場指揮官として超一流であった源義経が、なぜ最終的な「敗者」になったのか。この問題は、多くのビジネスパーソンにとって教訓となるだろう。

西郷隆盛は、戊辰《ぼしん》戦争においては現場指揮官であったが、明治維新後は新政府の指導部に入り、征韓論をめぐる権力闘争に敗れて下野《げや》してからは、新政府に不満をもつ鹿児島士族たちのリーダーになった。その意味で明治期の西郷は、現場の指揮者とは言い難い。けれども西郷は終生、現場主義に囚《とら》われ、それゆえに「敗者」になった。現場主義の弊害を考えるうえで、西郷は貴重なサンプルである。

山本五十六は、太平洋戦争当時、日本海軍の実戦部隊のトップである連合艦隊司令長官の任にあった。戦場で直接指揮をとることのなかった山本を「現場監督」と評するのは不適切との批判もあろうが、本編で詳述するように、連合艦隊は上部組織である軍令部から見れば「現場」であった。山本の失敗から、現代の「現場」のビジネスパーソンが学ぶものは多いので、あえて「現場」に割り振った次第である。

第二に、出世を重ねてトップに上り詰めた者である。現代で言えば、サラリーマン社長だろうか。明智光秀は織田信長に仕官し、織田家中で出世を重ね、織田家重臣の地位を得た。そして周知のように、本能寺の変を起こして主君信長を討ち、一時的に天下人という頂点に座った。出自すら不確かな光秀が、織田家中で豊臣秀吉と並ぶ異例の昇進を遂げたことは、光秀が極めて有能な武将であったことを示している。では、そんな光秀が「三日天下」で終わってしまったのはなぜか。諸説が乱立している状況を整理し、光秀の「失敗の本質」に迫りたい。

石田三成もまた、豊臣秀吉の信任を得て、辣腕《らつわん》を振るった異能の官僚である。三成の立場は、現在の組織で言えば秘書室長のようなもので、形式的な地位はそれほど高くないが、秀吉という絶対権力者を後ろ盾にしていたため、その権勢は絶大であった。三成よりはるかに大きな領土を有する大大名《だいだいみょう》も、三成の歓心を買おうと躍起になった。だが三成の運命は、秀吉の死によって暗転する。三成はなぜ徳川家康に敗れたのか、最近急速に進展した関ヶ原研究の成果を踏まえて、その真相を明らかにする。

田沼意次はわずか六〇〇石の旗本から、五万七〇〇〇石の大名にまで成り上がった人物で、側用人（秘書室長）と老中（取締役）を兼ねて江戸幕府の権力を完全に掌握《しょうあく》した。だが幕府の収入増をめざした田沼の政策には不発に終わったものが多く、利益追求型の政治は汚職の横行を招いた。田沼は才気煥発《さいきかんぱつ》で気配り上手だったため、出世街道を駆け抜けたが、幕府のトップになってからは失政が目立つ。なぜ優秀な官僚であった田沼が失脚するに至ったのか、彼の政策と行動原理を再検討する。

第三に、オーナー社長である。前述の田沼意次は、幕府権力を牛耳《ぎゅうじ》っていたとはいえ、所詮は将軍徳川家治《いえはる》に引き立てられた「雇われ社長」にすぎない。ゆえに、家治が死ぬと、田沼意次はたちまちに失脚した。

これに対し、後鳥羽上皇や織田信長は、最初から組織の全権を握っている存在である。権力基盤が弱いサラリーマン社長から見れば、オーナー社長は自分の自由に組織の舵取りができる羨ましい存在に映るかもしれない。だが、オーナー社長にはオーナー社長なりの難しさがある。そのことを、後鳥羽上皇・織田信長の事例を通じて明らかにしたい。

歴史上の偉人の優れた点に見習うという自己啓発書は数多く存在する。あえて、その逆を行く本書が、読者に少しでも新たな知見を提供できるならば、著者として望外の幸せである。

日本史　敗者の条件　目次

山本五十六（一八八四〜一九四三年）

大作戦を破綻させたコミュニケーションの欠如

第二章 サラリーマン社長型 【明智光秀／石田三成／田沼意次】

石田三成（一五六〇〜一六〇〇年）

最大の敗因は組織づくりの軽視 146

第三章　オーナー社長型【後鳥羽上皇／織田信長】

第一章

現場主義・プレーヤー型

［源義経／西郷隆盛／山本五十六］

現場の人間、プレーヤーとしては優秀であっても、大所高所から戦略的判断を下す立場になったときに失敗するビジネスパーソンは少なくない。現場から離れても、現場の判断を持ち込んでしまうからである。

日本人はとかく「現場主義」を好むが、現場の判断がつねに正しいわけではない。離れたところから現場に指示を出す経営者や管理職は、現場の意見や要求をそのまま受け入れるべきではない。大きな方針の転換は、現場からのボトムアップでは不可能である。時に現場を切り捨てるかのごとき冷酷非情なトップダウンの判断が求められるのだ。

以下に掲げる、源義経、西郷隆盛、山本五十六は、優秀な指揮官であったにもかかわらず、現場との適切な関係を構築することに失敗したために最終的な「敗者」になったという点で、貴重な「反面教師」と言えよう。彼らの「失敗の本質」を、最新の研究成果に基づき明らかにしていく。

源義経（一一五九〜一一八九年）

最強プレーヤーはなぜ「独立」に失敗したか

❖——検非違使任官を認めていた頼朝

源平合戦最大のヒーローと言えば、誰もが源義経の名を挙げるだろう。だが、周知のように、義経は平氏滅亡後、兄・頼朝と対立し、悲惨な最期を遂げる。その点で義経は「敗者」だが、彼はいつ、どこで何を間違えたのだろうか。悲劇を回避する術《すべ》はあったのだろうか。

通説によれば、頼朝・義経兄弟のあいだに疎隔《そかく》が生じた契機は、検非違使《けびいし》任官問題であったとされる。寿永《じゅえい》三年（一一八四、四月に元暦《げんりゃく》に改元）二月の一ノ谷《いちのたに》の戦いで大功を立てた義経であったが、共に一ノ谷で戦った源範頼《のりより》（義経の異母兄）が六月に三河守《みかわのかみ》に任命される一方で、自身には恩賞が与えられないことに不満をもっていた。

これを見た後白河法皇は、元暦元年八月六日、義経を検非違使左衛門少尉《しょうじょう》に任命した。だが、頼朝の家臣、すなわち御家人が頼朝の許可なく任官することは固く禁じられていた。義経の自由任官に激怒した頼朝は、同月十七日、義経を平氏追討の任務から外し、範頼に追討を命じたという。

右の理解は、基本的に鎌倉幕府の準公式歴史書『吾妻鏡《あずまかがみ》』に依拠したものだが、ほかに裏付けとなる史料はない。また検非違使は、範頼が任官した受領《ずりょう》（国守）に比べてはるかに格下の官職であり、その任官に頼朝が目くじらを立てるというのも疑問が残る。『吾妻鏡』は鎌倉幕府の正統性を明らかにするために編纂された歴史書であるため、義経関係の記事に関しては曲筆の恐れがある。「義経の自由任官に頼朝が激怒」という筋立てを疑ってかかる必要があろう。

現実の義経は、同年九月十八日に検非違使のまま五位に昇ることを許され、貴族の仲間入りを果たした。十月十一日には内裏《だいり》・院御所《いんのごしょ》への昇殿を許され、任官の御礼を申し述べている。院昇殿はともかく、内裏への昇殿は「内昇殿《うちのしょうでん》」と称され、武士にとって

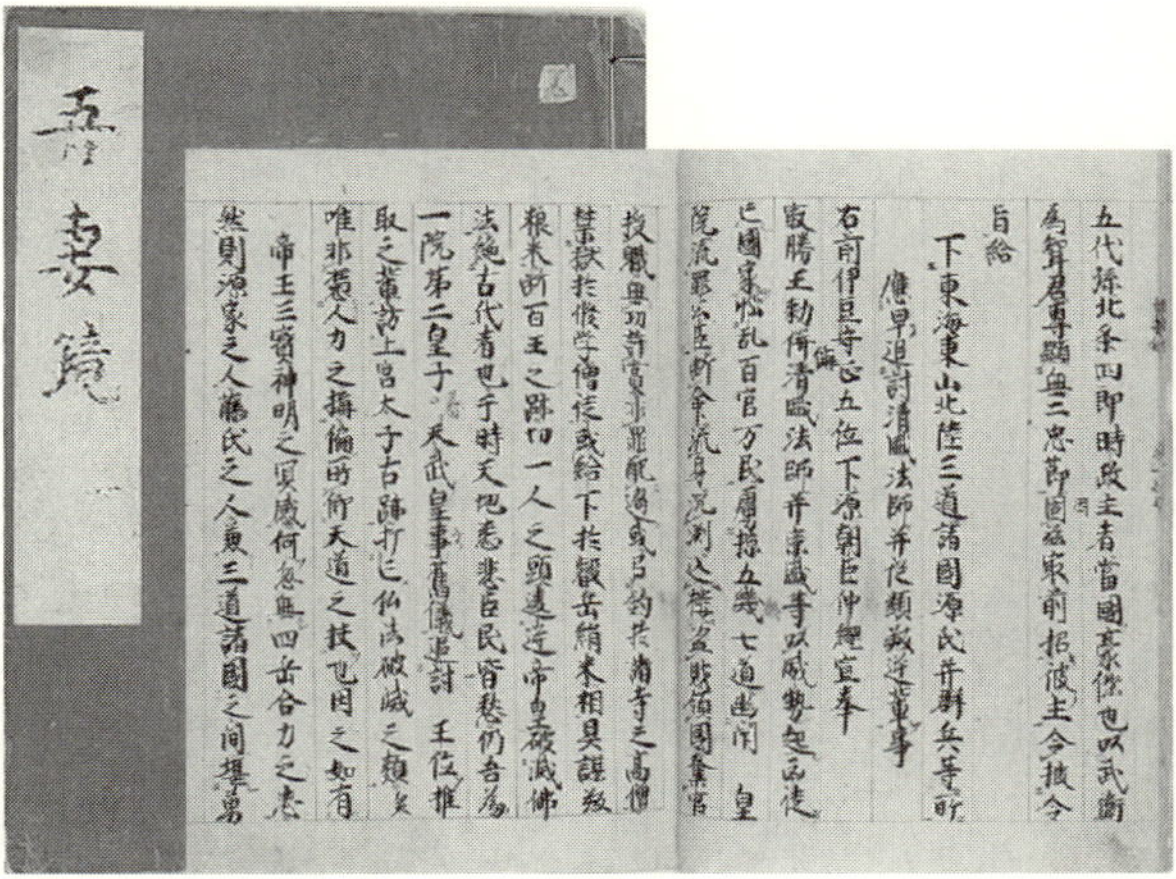

『吾妻鏡』

は大変な栄誉である。河内源氏でも過去には頼朝・義経の父である義朝《よしとも》が許されたのみである。こうした義経の昇進に対して、頼朝が叱責を加えた形跡は見られず、むしろ頼朝側近である大江広元の協力が確認される。義経は頼朝の同意を得たうえで検非違使に任官したと思われる。

頼朝の義経への信頼

義経が西国に逃れた平氏を追討する任務から外れたのは、頼朝の不興を買ったからではなく、同年七月に伊賀・伊勢で蜂起《ほうき》して鎮圧された平氏方残党の掃討を命じられたからである。元来、検非違使は京都の治安維持を担う官職であり、義経の検非違使任官は依然として畿内に残存する平氏方勢力への対応策として理解できる。京都の防衛と畿内の安定化は、頼朝・後白河双方にとって重要な課題であり、そこに利害の対立を見出すことはできない。

義経の受領任官が見送られたのは、受領と検非違使の兼任が通常ないからだろう。そして、受領と検非違使の格の差を埋めるため、内昇殿という処遇を追加したと考えられる。義経が範頼に比べて冷遇されたという見方には当たらない。

まして、検非違使任官問題を頼朝・義経兄弟の不和を煽《あお》る後白河の謀略《ぼうりやく》と見なす陰謀論は、後年の兄弟対立から逆算した結果論にすぎない。平氏が西国で勢力を維持している状況下で、源氏方の内紛を誘う陰謀を巡らすことは、後白河にとって百害あって一利なしである。

なお同時期、頼朝の周旋《しゆうせん》により、義経は河越重頼《かわごえしげより》の娘を妻に迎えている。彼女の母方の祖母は、頼朝の乳母《めのと》である比企尼《ひきのあま》である。比企尼は流人《るにん》時代の頼朝を支援し続け、頼朝から絶大な信頼を得ていた。そして、彼女の母親は頼朝嫡男《ちやくなん》の頼家の乳母になって

源氏略系図

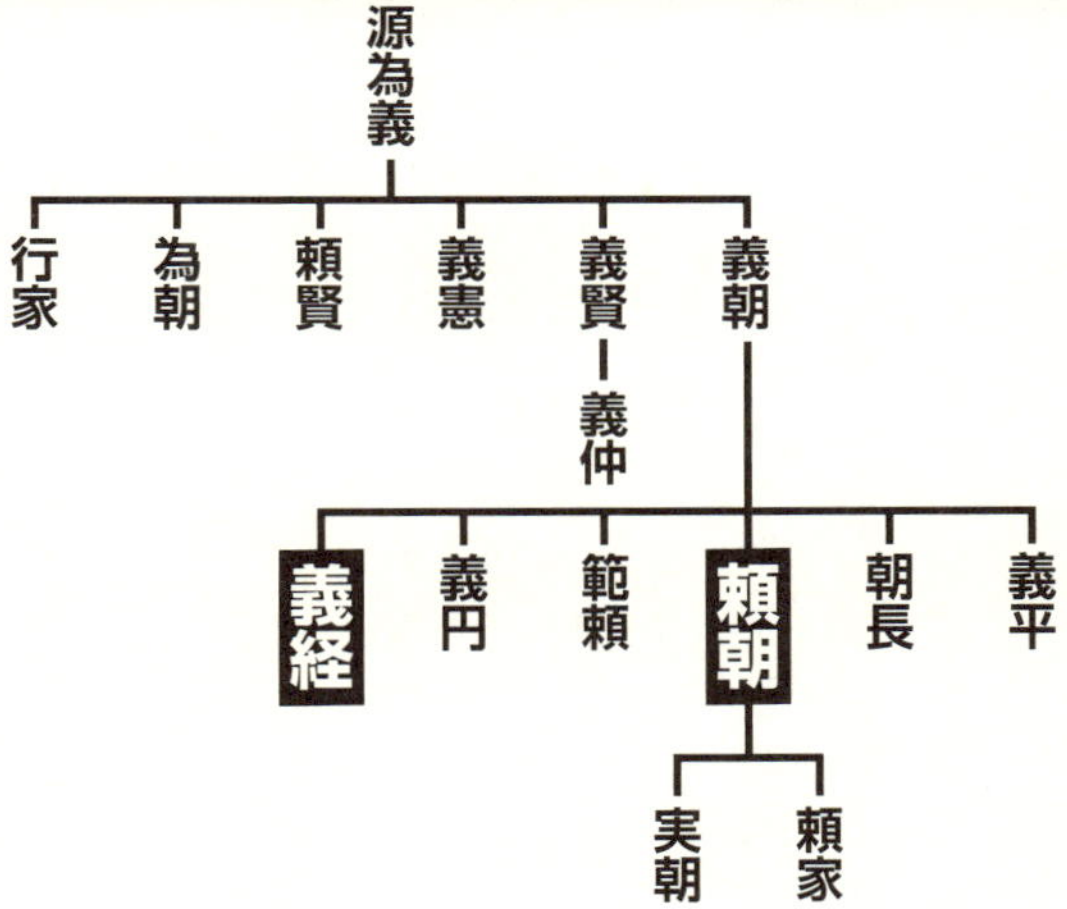

いる。頼朝は義経を比企尼の孫娘と結婚させることで、義経との関係を強化した。さらに言えば、義経を頼家の藩屏《はんぺい》として位置づける意図も見出せるのではないだろうか。

　頼朝の構想は、義経は在京したまま畿内近国の安定化を図り、範頼率いる遠征軍が平氏の勢力圏である山陽・西海両道を制圧して、屋島《やしま》（現在の香川県高松市に所在）を拠点とする平氏軍本隊を孤立させるというものだった。

　だが、範頼軍の西国攻略は、食糧の欠乏により、思うように進まなかった。やむなく頼朝は義経を平氏追討に再起用し、義経は元暦二年（一一八五、八月に文治《ぶんじ》に改元）二月十八日、屋島を急襲。平氏軍を海に追い落とした（屋島の戦い）。

✣――義経は頼朝の指示を軽視した

同年三月二十四日、壇《だん》ノ浦《のうら》の戦いにおいて、平氏一門は海の藻屑《もくず》と消えた。源氏大勝利の立役者が義経であったことは言うまでもない。京都に凱旋した義経は人びとの歓呼に迎えられた。一方、壇ノ浦合戦の詳細に関する義経の報告が鎌倉に届いたのは、同年四月十一日のことであった。

翌十二日、頼朝は重臣らと戦後処理を協議した。範頼はしばらく九州にとどまり、平氏方所領の調査・没収を進めて、義経は捕虜らを連れて上洛《じょうらく》することが定められた。以後、範頼を通じた九州支配と、平氏方捕虜の処罰が進んでいく。

そうしたなかで、頼朝と義経の確執が次第に表面化する。一般には、平氏を瞬《また》く間に打ち破った義経の武勇と声望を頼朝が恐れた、という印象が強い。だが、そうした感情的な問題だけが要因ではない。

頼朝が義経への不信感を強めたのは、頼朝の構想とはまったく異なる形で義経が平氏を討伐したからである。頼朝は平氏軍の補給路を断ち、持久戦によって平氏を降伏させようと考えていた。頼朝は範頼に対し、三種の神器（代々の天皇が継承する三種類の宝物。天皇の正統性を保証するもの）と安徳天皇を無事に京都に帰還させるよう繰り返し述べていた。頼朝は三種の神器と安徳を平氏から取り戻し、後白河法皇との政治的取引に使う予定だったのであり、そのため平氏滅亡にはこだわらなかった。

ところが、義経は短期決戦を志向し、平氏に降伏の機会を与えず、一挙に滅ぼしてしまった。これは、平氏に深い憎悪を抱く後白河の意向に沿った行動である。

義経は大勝利を挙げたものの、安徳天皇は平氏一門と共に入水《じゅすい》自殺し、三種の神器の一つである草薙剣《くさなぎのつるぎ》は海底に沈んだ。義経は後白河の意向を優先し、結果的に頼朝の指示を軽んじたのであり、頼朝は義経を手放しで賞賛することはできなかった。

現代の事例にたとえるならば、義経は経営陣の方針を無視し、現場判断で勝手にプロジェクトを進めてしまったのである。勝てば良いだろうという結果オーライの感覚だったのだろうが、現場レベルで最善の選択であっても、それが経営レベルでも最善とは限らない。

当時、武士が朝廷の命令に従うことは当たり前のことであり、義経に頼朝からの自立の意図はなかったであろう。しかし頼朝は、朝廷と御家人との直接の結びつきを断ち、御家人は頼朝を介して朝廷に奉仕するという体制を構築しつつあった。義経の後白河への接近は、唯一絶対の武家の棟梁《とうりょう》たらんとする頼朝の努力を無にしかねないものであり、京都で存在感を増す義経を頼朝が不快に思ったことは間違いない。

義経の活躍が生んだ波紋

加えて、義経軍の活躍は、義経個人が名声を得たというだけにとどまる問題ではなかった。義経軍は、主に畿内・西国武士によって構成されていた。旗揚げ以来、頼朝を支えてきた東国武士たちの多くは範頼軍に参加していた。

従来言われてきたほど、範頼は凡庸な武将ではない。範頼軍が苦戦しつつも瀬戸内海に面する九州北東部を制圧して平氏の本拠地である彦島《ひこしま》を圧迫したことが、屋島合戦・壇ノ浦合戦の勝利の前提になっている。壇ノ浦合戦においては、範頼軍は豊後《ぶんご》（現在の大分県）、すなわち陸地に布陣し、平氏の九州への退路を断つ役割を果たした。また範頼軍に加わっていた三浦義澄《みうらよしずみ》は水軍を率いて壇ノ浦合戦に参戦している。

しかしながら、義経軍の華々しい活躍の前で、範頼軍が霞《かす》んでしまったことは否めない。平氏討伐戦は義経の独壇場で終わってしまい、義経軍が戦功を独り占めする形になった。よく知られているように、壇ノ浦合戦後、梶原景時《かじわらかげとき》は頼朝に対して「義経は自分一人の力で平氏を滅ぼしたと勘違いして傲慢《ごうまん》になり、御家人たちが反発している」と義経を告発している（『吾妻鏡』）。

このエピソードは、陰険な梶原景時の讒言《ざんげん》と捉えられることが多いが、むしろ平氏討伐戦に参戦した東国武士たちの不満を代弁したものと言えよう。彼らは苦労に苦労を重ねて中国・九州地方の平氏方武士と戦ったにもかかわらず、屋島合戦・壇ノ浦合戦を強行した義経の独断専行によって、大きな勲功を得る機会を奪われたのである。

こうした事態は、挙兵以来、東国武士に支えられてきた頼朝にとって、看過できないものだった。平氏討伐戦で活躍した義経・西国武士の発言権が拡大すれば、頼朝政権の力関係が大きく変動しかねない。

ただし、頼朝は義経の処分について迷っており、平氏滅亡当初から排除することを考えていたわけではない。平氏討伐の立役者たる義経を粛清すれば世間の非難を浴びるし、後白河法皇との関係も悪化する。頼朝はすぐに決断することはできなかった。

一般に、頼朝と義経の決裂の決定打は「腰越状《こしごえじょう》」とされる。元暦二年五月に平氏一門の総帥《そうすい》である平宗盛《たいらのむねもり》を鎌倉に護送した義経が鎌倉入りを拒否されて「腰越状」を提出して弁明を試みるも、かえって頼朝の怒りを買ったという（『吾妻鏡』）。

けれども、拙著『陰謀の日本中世史』（角川新書）でも指摘したように、「腰越状」の逸話は後世の創作と考えるべきである。後述するように、頼朝は義経の懐柔《かいじゅう》も模索していた。両者の対決を宿命的と見なすべきではない。

❖——兄弟決裂の真因

文治元年（一一八五）八月の除目《じもく》で、源義経は頼朝の推薦によって伊予守《いよのかみ》に任官した。『吾妻鏡』は、頼朝は四月の時点で義経を推薦しており、その後、義経との関係が破綻したものの、いまさら取り消すことができなかったと説明する。だが、「腰越状」の一件で頼朝・義経兄弟が決裂したという『吾妻鏡』の叙述に信を置けない以上、この説明も信じがたい。

この時代、伊予守は播磨守《はりまのかみ》と並ぶ受領の最高峰である。また、義経の遠祖である源頼義《よりよし》（義家の父）が前九年の役の勝利によって得た恩賞が伊予守であり、源氏一門にとってはとくに名誉な官職と言える。頼朝は義経に莫大な恩賞を与えることで、義経を取り込もうとしたのである。

ただし、頼朝にはもう一つの思惑があった。先述のとおり、当時の原則に照らせば、受領と検非違使の兼任はできない。伊予守に任官した以上、義経は検非違使を辞任することになる。頼朝は義経に対し京都を離れるようメッセージを送ったのだろう。

ところが、義経は伊予守と検非違使を兼任した。この常識外れの人事を強引に通したのは、後白河法皇以外に考えられない。後白河は義経が京都にとどまることを望んだのである。

一般に、後白河は義経を頼朝の対抗馬とすべく引き立てたと言われている。だが、後白河は頼朝を正四位下《しょうしいのげ》から従二位《じゅにい》にまで一挙に昇進させた。義経への恩賞も独自に行なったりはせず、頼朝の推薦を受けて伊予守に任じている。後白河は頼朝を高く評価し、また、御家人たちの主君たる頼朝の立場に深く配慮している。

後白河は平清盛《きよもり》や木曽義仲《きそよしなか》と対立して幽閉された経験をもつ。身の安全を図るため、忠実で信頼できる有力武士を手元に置いておきたいと思うのは自然な感情であろう。後白河は頼朝を敵視したわけではなく、自分の行為が頼朝の感情を害するという認識すらなかったと思われる。

しかしながら、後白河と義経の結合は、頼朝の目には、後白河が独自の武力をもとうとしているように、そして義経が頼朝の統制から離脱しようとしているように映った。この動きは、全国の軍事警察権を独占的排他的に掌握するという頼朝の構想と対立する。ここに、両者の関係は修復不可能になった。

だが頼朝には、義経を処罰することよりも優先すべき事項があった。叔父の源行家《ゆきいえ》の討伐である。

❖――義経、謀叛へ

源行家は平氏討伐を命じる以仁王《もちひとおう》（後白河法皇の第三皇子）の令旨《りょうじ》を携えて全国を回り、諸国の武士に決起を促した人物である。その意味では平氏討滅の功労者と言えるが、軍事指揮官としては無能で、源平合戦において顕著な軍功は挙げていない。

おまけに、頼朝の下につくことを潔《いさぎよ》しとせず、後白河の庇護《ひご》下に入り鎌倉への参向を拒否していた。頼朝から見れば、行家の傲慢な態度は「謀叛《むほん》」にほかならず、行家討伐の準備を進めていた。頼朝は義経に対しても行家討伐の方針を伝えており、疑念を抱きつつも義経の協力を欲していた。

『吾妻鏡』によれば、同年十月六日、京都から鎌倉に戻った梶原景季《かげすえ》（景時の嫡男）が、義経が病気を理由に行家の討伐を断った、と報告した。頼朝はこれを仮病と判断し、実際には義経と行家が結託していると結論づけた。頼朝が義経討伐を決断したのは、この時点であろう。

義経が頼朝への反抗を決意したのは、現在の地位を維持するためと考えられる。義経は京都で後白河に奉仕し、頼朝から相対的に自立した存在となっていた。頼朝はこれを許さず、鎌倉に下り、自らに従属することを義経に求めたのである。

直属兵力や独自の経済基盤に乏しい義経は、京都を離れ後白河の後ろ盾を失えば源氏一門の一人、一御家人に転落する。それは、平氏討伐の英雄である義経には耐えられないことだったのだろう。

義経は本質的には「現場監督」にすぎない。しかし義経の声望がいわば社外にまで広がった結果、自信を深めた義経は「独立」を画策したのである。けれども、優秀な「現場監督」がいままでのやり方を変えずに起業家として独立することはできない。立場が変わればやり方も変えなければならない。以後の義経の動きを見ていると、義経にはそうした問題意識が希薄であったように思われる。

義経と行家の挙兵が露顕したのは、十月十三日のことである。この日、義経は後白河に対して、行家に味方して頼朝に敵対する意思を伝えた（『玉葉《ぎょくよう》』）。

義経が奏上した内容によれば、挙兵の動機は、平氏追討の最大の功労者であるにもかかわらず、恩賞を与えられるどころか、かえって抑圧を受けているという不満にあった。前述のように義経は頼朝の推薦で伊予守に任官したが、その後、義経を敵視するようになった頼朝の妨害で、伊予守の官職は有名無実なものになっていた。

ただ、恩賞の不満は個人的な問題にすぎず、義経に国家的な頼朝追討命令を与える理由としては弱い。そのためか、義経は「頼朝が私を暗殺しようとしています」と訴えた。暗殺計画が事実ならば、義経の挙兵は自衛行動として正当化される。実際、親頼朝派の公家である九条兼実《くじょうかねざね》さえも、多大な勲功がある義経の殺害を企《たくら》んでいるとしたのであれば、頼朝はあまりに冷酷であると批判している（『玉葉』）。

❖――頼朝は義経を暗殺しようとしたか

義経は同年十月十六日に頼朝追討の宣旨《せんじ》（朝廷が出す命令書）を発給するよう後白河に迫った（『玉葉』）。明くる十七日夜、義経の訴えを裏付けるかのように事件が起こった。土佐房昌俊《とさのぼうしょうしゅん》らが義経邸を襲撃したのである。義経側はこれを撃退したが、義経が態度を硬化させたのは言うまでもない。

この事件について、『吾妻鏡』や『平家物語』諸本は、襲撃は頼朝の指示によるものとする。しかしながら、本当に頼朝の指示があったかどうかは疑問である。

襲撃事件の直後に当たる十月二十四日には、頼朝が父義朝の菩提寺《ぼだいじ》として鎌倉に建立した勝長寿院《しょうちょうじゅいん》の落成供養《らくせいくよう》が予定されていた。平清盛に敗れて非業の死を遂げた父義朝の追善供養は、頼朝が父の仇《かたき》である平氏を討ち滅ぼして、源氏を再興したことを内外に表明するものであり、武家の棟梁としての権威を高めるためには不可欠の儀式であった。この一世一代の晴れやかな儀式の前に、義経暗殺のような卑劣な謀略を行なうだろうか。

十月十七日の襲撃者たちは鎌倉から派遣されたのではなく、在京もしくは京都周辺の武士たちが独断で先制攻撃を行なったものと考えられる。義経が「頼朝に謀殺される」と触れ回っていたところ、タイミング良く襲撃事件が発生したため、頼朝の指示によるものとの誤解が広がったのではないだろうか。

現実の頼朝は、勝長寿院の供養法会への招待を口実に、義経を鎌倉に召喚しようとしていたと思われる。鎌倉に来れば、義経を詰問《きつもん》ないし拘束できるし、来なければ親不孝者として糾弾できる。義経の武勇は頼朝にとって脅威であり、頼朝は軍事的衝突を回避しつつ、義経を屈服させる道を探っていたと見るべきだろう。

十月十八日、後白河は源義経・行家に源頼朝追討の宣旨を与えた。九条兼実は、頼朝に朝廷への謀叛の意思はないと主張し、宣旨発給に反対したが、その諫言《かんげん》は容《い》れられなかった（『玉葉』）。これについては、古くから後白河が義経を扇動したと考えられてきたが、『陰謀の日本中世史』で論じたように、宣旨発給は義経から脅《おど》されたからにすぎない。

✣――義経の挙兵はなぜ失敗したか

宣旨を獲得した源義経・行家は早速、軍勢を募った。義経らがこのタイミングで挙兵したのは、勝長寿院の落成供養に参加するために東国武士が鎌倉に集結し、京都周辺に軍事的空白が生まれたことが一因である。

もともと、義経の直属武力は脆弱《ぜいじゃく》であった。そんな義経が平氏を討つことができたのは、畿内・西国の武士たちを糾合することに成功したからにほかならない。だが、それは義経の個人的魅力によるものではない。彼らは反平氏という利害の一致から義経に協力した同盟軍的存在であった。

そんな彼らを義経が統率し得たのは、頼朝の代官という地位と、後白河法皇による平氏追討命令である。だがいまや、義経は頼朝と敵対し、なおかつ彼が帯びる頼朝追討の宣旨も後白河から強引に引き出したものにすぎない。かつて義経の麾下《きか》に入って平氏追討戦に参加した者たちが次々と離反したのは必然であった。

現在でも、会社の肩書きがあるから仕事ができていたことに気づかず、すべて自分の実力によるものと勘違いし、軽率に独立して痛い目に遭《あ》い、会社を辞めなければ良かったと後悔するという話はしばしば耳にする。義経の錯誤は、それと同様である。

一方の頼朝は義経討伐のために出陣した。頼朝が自ら出陣したのは、治承《じしょう》四年（一一八〇）の佐竹攻め以来である。文治元年十一月一日、頼朝軍は駿河国《するがのくに》黄瀬川《きせがわ》（静岡県駿東郡清水町）に着陣する。皮肉なことに、ここ黄瀬川は、頼朝・義経兄弟が涙の対面を果たした地である。

頼朝は義経と争うことに対して不安を感じていただろうが、東国武士との固い絆は義経にはない強みだった。伊豆での旗揚げ以来、共に何度も死線をくぐり抜けてきた頼朝主従の結束力は義経の予想を超えていた。頼朝が自ら大軍を率いて上洛すると知った畿内・西国の武士たちは義経のもとに結集するどころか、むしろ保身のために義経を討とうとしたのである。

むろん、源頼朝の幕下に加わった東国武士のなかにも、自立性を保ち頼朝の命令に容易に従わない者もいた。だが、頼朝は長い時間をかけて、あるいは粛清し、あるいは屈服させた。これに対して、義経には畿内・西国の武士たちと主従関係を構築する時間が不足していた。

京都で頼朝勢を迎え撃つことを断念した義経と行家は、十一月三日、態勢を立て直すべく、九州をめざして出京した。その数、わずか二〇〇騎ほどだったという。翌四日、淀川《よどがわ》（神崎川《かんざきがわ》）河口の摂津国河尻《せっつのくにかわじり》で待ち構えていた現地武士の太田頼基《おおだよりもと》と交戦し、これを打ち破った。五日夜に大物浦《だいもつのうら》から出航した義経一行は激しい暴風雨に見舞われて難破し、散り散りとなって逃走した。

義経は各地を逃げ回った末に、奥州平泉《おうしゅうひらいずみ》に身を寄せた。しかし、庇護者であった藤《ふじ》原秀衡《わらのひでひら》が亡くなると、後継者の藤原泰衡《やすひら》は頼朝の圧力に屈して義経を討った。享年三十一。英雄のあっけない最期であった。結局、義経は「現場の人間」にすぎず、源平合戦という「現場」がなくなるとともに輝きを失ってしまったのだ。

義経を匿《かくま》った奥州藤原氏を滅ぼして全国統一を果たしたことも含め、義経の反乱は結果的に多くの果実を頼朝にもたらした。だが頼朝の行動がすべて計算づくで、最初から義経を罠にはめようとしていたかのような説明は慎むべきだろう。

義経が自身の武勇と声望を過信することなく、兄・頼朝に恭順の意を示していれば、義経が生き残る道はあったはずだ。社会的に成功することは難しいが、成功者が驕《おご》ることなく身を慎むことはもっと難しい。そのことを義経は私たちに教えてくれる。

西郷隆盛（一八二八〜一八七七年）
情に流された英雄の末路

❖――「征韓論」とは何だったのか

明治維新を成し遂げた英傑のなかでも、西郷隆盛はとりわけ有名で、当時から現代に至るまで絶大な人気を誇っている。しかし西郷が西南戦争に敗れ、無惨な死によって生涯を閉じたこともまた広く知られている。なぜ西郷は、維新の英雄から「敗者」へと転落しなければならなかったのか。

西郷の転落のきっかけとなったのが、いわゆる「征韓論」論争だった。西郷は自らを使節として朝鮮へ派遣するよう求め、明治六年（一八七三）八月十七日に閣議で西郷派遣が内定した。

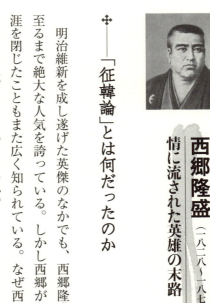

ところが、岩倉遣欧米使節団が帰国すると、岩倉具視《いわくらともみ》・大久保利通らが西郷派遣に反対する。西郷が自殺をちらつかせたため、十月十五日の閣議で西郷即時派遣が決定されるが、反対派が明治天皇を抱き込んで巻き返し、西郷派遣を棚上げにした。西郷は二十三日に辞表を提出、二十四日に天皇は使節派遣の無期延期を決定した。

さて、西郷が朝鮮に使節として赴くことを希望した理由は、いまだに判然としない。通説では征韓論、すなわち朝鮮への武力行使を目的としていたと考えられてきた。だがその後、朝鮮との平和的交渉を企図していたという「遣韓論」説が登場した。最近では、心身を病んでいた西郷は死に場所を求めており、朝鮮で大義ある死を遂げようとしていたという死処説が唱えられている。

現在の歴史学界では、西郷が平和的外交交渉を望んでいたという「遣韓論」説はほぼ否定されている。ここでは、「征韓論」をめぐる学界での論争には深入りせず、西郷がなぜ政策論争、権力闘争で敗れたのか、その戦略ミスを明らかにしていく。

突然の使節志願

一般に、西郷が朝鮮使節を志願した発端は次のように考えられている。明治六年六月十二日の閣議で、参議の板垣退助が、軍艦を朝鮮に派遣して武力を背景に強硬に交渉すべきと発言した。筆頭参議の西郷は出兵に反対し、全権大使を派遣して正々堂々と交渉すべきと説いた。太政大臣の三条実美《さんじょうさねとみ》が、全権大使は護衛を率いて軍艦で出かけるべきだと発言したが、西郷はこれにも反論し、非武装で礼儀正しく交渉に当たるのが良いと述べ、自分を使節に任命してほしいと希望した。

大久保利通

ところが、この通説の史料的根拠は曖昧で、批判する歴史学者も多い。六月十二日の閣議で西郷が朝鮮使節を志願したことを示す一次史料は存在せず、通説は疑わしい。西郷が朝鮮行きを希望したことがうかがえる最初の史料が、明治六年七月二十九日付の板垣退助宛ての西郷隆盛書簡（『大西郷全集』二巻所収）である。日本から朝鮮に兵を派遣して朝鮮側が反発した場合、こちらから戦端を開くことになってしまう。自分が兵を率いずに丸腰で朝鮮に赴けば、朝鮮側が暴挙に出る（西郷を殺害する）だろうから、戦争の大義名分が立つ。大略、以上のように西郷は述べ、板垣に自らへの支持を求めている。

注目すべきことに、この直前に出された七月二十一日付西郷従道《つぐみち》（隆盛の弟）宛て西郷隆盛書簡（『大西郷全集』二巻）では、西郷は朝鮮問題にまったく言及していない。それどころか、西郷の腹心で朝鮮現地を探索した経験がある別府晋介《べっぷしんすけ》の台湾遠征参加に支持を表明している。七月二十一日の時点では、西郷は朝鮮行きを考えていなかったと思われる。

明治政府は成立当初から朝鮮との国交樹立を重要な外交的課題に据えていた。そして、政府内で一貫して朝鮮に対する強硬外交を主張し「征韓」を公言していたのは、じつは木戸孝允《きどたかよし》だった。一方で、西郷は朝鮮問題に特段の関心を寄せていた形跡が見られない。

西郷の使節志願はいかにも唐突で、周囲の人間もその真意を測りかねた。本来、周到な準備、根回しをする人間だった西郷が、思いつきで朝鮮行きを発案したことが混乱をもたらした。

❖――西郷案の問題点

西郷は八月三日に三条に自身の朝鮮行きを正式に申し入れた（『大西郷全集』二巻）。

西郷従道

そして八月十三日の閣議で、西郷は自身の考えを初めて公式に開陳したと見られる。しかし、三条・板垣ら列席者の反応は冷たかったようで、西郷は翌日に板垣に手紙を送り、自分の朝鮮行きに賛成してくれるよう懇願している（『大西郷全集』二巻）。この手紙でも、使節として派遣された自身が殺害されたら、それを口実に開戦すべきという策を説いている。

しかしながら、西郷案はあまりに突拍子もないものであった。日本との国交樹立に後ろ向きな朝鮮との関係をどう処理するかはたしかに重要な課題であるが、朝鮮とのあいだで深刻なトラブルが発生していたわけではなく、急いで解決しなければならないものではない。

政府の最重要人物であり、かつ士族たちの信望の厚い西郷が本当に殺害されることになれば、国内に大きな動揺が生じる。朝鮮問題の解決と西郷の命を引き換えにするのはリスクが大きすぎる。

西郷には交渉妥結の自信があり、命を賭《と》している云々《うんぬん》の表現は強硬派の板垣を説得するためのレトリックとの説もある。けれども、西郷の真意はさておき、死を覚悟しているという手紙を受け取った板垣は、西郷の熱意に打たれるよりはむしろ困惑しただろう。仮に説得のための方便だったとしても、上手いやり方とは思えない。

そもそも、朝鮮に使節を派遣するのであれば、外交責任者である副島種臣《そえじまたねおみ》外務卿を派遣するのが当然である。副島は三条に厚く信任されており、本人も自らの手で朝鮮問題を解決したいと考えていた。西郷も副島派遣のほうが支持を得そうだと思っていたからこそ、板垣を必死で説得していたのだろう。

✣――西郷派遣の内定

八月十六日、西郷は三条と会見した。その概略は、八月十七日付板垣宛て西郷書簡（『大西郷全集』二巻）から判明する。三条は十三日の閣議のときと異なり西郷提案に好意的だったが、岩倉使節団の帰国まで待ちたいと返答したという。手応えを得た西郷は三条に対し、即時開戦を考えているわけではないと説明し、三条を安心させようとしたらしい。

だが一方で、西郷は自らの戦略を「内乱を冀《こいねが》ふ心を外に移して国を興《おこ》すの遠略」と三条に語ったという。朝鮮との開戦によって国内（なかでも特権を失った士族）の不満を国外に逸《そ》らすという意味だろう。幕府が目先の平穏無事を優先して内外に対して弱腰な姿勢をとったことで天下を失った轍を踏むべきではない、とも説いたという。

むろん「遺韓論」説が指摘するように、右書簡での西郷の主張が板垣説得のための方便である可能性は否定できない。西郷が三条に話したと板垣に伝えている内容が、実際に三条に話したことと合致するかは不明である。

ただ少なくとも、西郷は板垣に対しては、自分が殺されることで朝鮮を討伐する口実をつくり出す、という説明を一貫して行なっている。にもかかわらず、右書簡で西郷は、自分が死ぬことで戦争にもち込むので後はお任せします、と板垣に語っている。戦争の作戦立案はすべて板垣に丸投げするというのだ。これは無責任と言わざるを得ない。説得の方法として下の下である。

とはいえ、西郷の異常なまでの熱意が功を奏したのか、前掲書簡を送った直後に開かれた十七日の閣議では、西郷の朝鮮派遣が内定した（なお提案者の西郷は閣議を欠席し、翌日に三条から結論を聞いている）。

だが、これは西郷の捨て身の交渉術が優れていたというより、三条ら留守政府首脳部が定見に欠けており、軽率に決定を下したと評価すべきだろう。実際、三条は岩倉具視の帰国後に再評議するという条件をつけており、西郷の強談判に窮《きゅう》して問題を先送りした感がある。三条の事なかれ主義が事態を混迷させた側面は否めない。

❖――西郷の無策と大久保の参議就任

九月一日、三条は西郷に書簡を送り、外務卿の副島と協議して、交渉の手順や目的をはっきりさせておくよう求めた（『岩倉公実記』下巻所収）。当然の要請であり、むしろ本来なら西郷派遣を決定する前に検討しておくべき事項である。

しかし、西郷がこの問題を真剣に検討した様子は、残された史料から確認できない。西郷が平和的交渉によって朝鮮との国交樹立をめざしていたとしたら、その具体的手段について副島と協議したであろう。

反対に、自らが朝鮮で殺害されることを利用して朝鮮に武力行使を行なうという謀略を企図していたのだとしたら、軍事作戦の立案が重要になってくる。西郷はそのいずれも行なっていない。西郷は死に場所を求めていただけ、という死処説が登場した所以《ゆえん》である。

西郷は、自分が礼儀を尽くして道理を説けば、朝鮮は開国すると楽観していたのだろうか。あるいは、自分が殺されて戦争になれば、不平士族たちの活躍の場が生まれるといった漠然とした見通しをもっていたのだろうか。はたまた死に急いでいただけだったのか。いずれにせよ、無策の誹《そし》りを免《まぬか》れない。

岩倉具視が伊藤博文らとともに九月十三日に帰国した。岩倉の帰りを待っていた西郷は、すぐにも閣議を開き、自身の朝鮮派遣を正式決定するよう三条に迫った。

しかし、欧米の圧倒的な産業力を目の当たりにした岩倉は、国内改革と産業育成を優先すべき（内治優先）と考えるに至っており、朝鮮とのあいだで緊張を高めることになる西郷派遣に強い懸念を抱いた。岩倉に先立って七月二十三日に帰国していた木戸孝允もかつての征韓論を撤回し、国力増強に専念する内治優先論に転換しており、外征に反対する意見書を八月に提出していた（『木戸孝允文書』八巻所収）。

五月二十六日に日本に戻っていた大久保利通も同じく内治優先派であったが、西郷・板垣・副島らの策動を傍観していた。岩倉・木戸・伊藤らは大久保を仲間に引き込むべく、大久保に参議就任を要請した。

古くからの親友である西郷との全面衝突を避けたい大久保は参議就任を固辞するが、再三の要請を受け、大久保は十月八日、ついに参議就任を了承した（就任は十二日）。陸軍を統率する西郷との対決は、場合によっては内乱につながりかねない。このとき、大久保は息子たちに遺書を書いており、西郷の朝鮮行きを阻止せんとする覚悟のほどがうかがえる。

自殺をほのめかす

こうした水面下の工作が影響したのか、十月十二日に開催される予定だった閣議が、前日になって十四日に延期されることになった。この通知を受けた西郷は、早速、三条に書簡を送り、即決を強く迫った（『大西郷全集』二巻）。自身の朝鮮行きは閣議で決定されたうえ、天皇への上奏を経て許可されており、いまさら取り消すことがあったら、天皇の権威に傷がつくと主張したのである。

三条は八月十七日の閣議における内定を軽く考えていた節がある。岩倉・大久保ら使節団に参加していた有力者を交えた再評議で、内定を覆《くつがえ》すことも可能と認識していた。これに対し、西郷は自身の朝鮮行きは決定済みの事項であり、再評議は決定を追認するだけの形式的なものと認識していた。

しかしながら、そもそも岩倉使節団が出発する際、使節団と三条ら留守政府とのあいだでは、国家の重大事に関しては使節団と連絡をとったうえで決定するという約束が結ばれていた。岩倉らに諮《はか》ることなく、留守政府が西郷の朝鮮派遣を内定したことは明らかに約束違反であった。当初の約束を踏まえるなら、岩倉・大久保・木戸らが加わった再評議で最終的な決定を下すのが当然であり、西郷の主張には無理があった。

そこで西郷は、もしも朝鮮派遣が中止になったならば、死んで鹿児島の仲間たちに謝るしかない、と右書簡で自殺をほのめかした。三条への脅迫である。それにしても、国家の舵取りをする立場である人間が自殺を盾に己の主張を通そうとするのは常軌を逸しており、責任ある態度とは言えない。事実、弟の従道など薩摩出身の軍人たちのなかにも、朝鮮行きに熱中する西郷に疑問を抱く者は少なくなかった。

✣──紛糾する閣議

優柔不断で小心者の三条は、西郷の脅迫に震え上がり、岩倉に書簡を送り、西郷の朝鮮行きは決定事項であり取り消すことはできないと述べた（『大久保利通文書』第五所収）。西郷の自殺発言もさることながら、三条が心配したのは陸軍の動向であった。前述のとおり、陸軍を統率しているのは西郷であり、この問題の処理を間違えれば軍が暴発しかねない。

さりとて西郷を朝鮮に派遣するのも危険である。そこで三条は、海軍の開戦準備が整っていないことを理由に、西郷の派遣を延期しようと岩倉に提案している。またもや先送りである。

そして十月十四日、いよいよ日本の命運を賭けた閣議が開かれた。列席者は太政大臣の三条実美、右大臣の岩倉具視、参議の西郷隆盛・板垣退助・大隈重信・江藤新平・大《おお》木喬任《たかとう》・後藤象二郎・大久保利通・副島種臣であった。木戸孝允は病気を理由に欠席し

征韓議論図

ている。

岩倉が二十三日に提出した上奏文などによれば、十四日の閣議で岩倉は樺太《からふと》でのロシアとの紛争（ロシア人の暴行事件）の解決のほうが先決であると述べ、西郷派遣の延期を主張したという。対朝鮮強硬論者の板垣も含め、西郷を除く全員がいったんは延期論に賛成した。

ところが西郷は延期論に反発し、あくまで自身の朝鮮への即時派遣に固執した。大久保・大隈・大木以外の参議はたちまち腰砕けとなり、西郷に同調した。だが大久保は西郷にひるまず、持説を貫いたため、閣議は紛糾することになった。

——大久保の反対意見

大久保は、西郷の派遣が朝鮮との戦争につながる恐れを指摘し、内治優先の立場から派遣の中止を訴えたようである。大久保の閣議での発言の詳細は明らかにし得ないが、この時期に大久保が提出した意見書が残されており（『大久保利通文書』第五）、その考えを知ることができる。

大久保が西郷派遣に反対する理由は多岐にわたるが（意見書は七カ条から成る）、とくに重要なのは、平和的交渉による朝鮮との国交樹立の困難を論じている点であろう。

当時の朝鮮王朝で政治の実権を握っていたのは、大院君《たいいんくん》（王の実父に対して贈られる尊号）の李昰応《りかおう》であった。大院君は鎖国攘夷政策を強力に展開した。旧幕府軍を破り国内での覇権を確立した明治政府は、王政復古（幕府から朝廷への政権交代）を朝鮮に通告し、国交関係樹立の希望を申し入れた。だが朝鮮側は、日本の国書に、朝鮮の宗主国である清国（中国）の皇帝しか使えない「皇」や「勅」の文言が含まれていたため、受け取りを拒否した。

ただ、国書の文言の問題は表向きの理由で、実際には西洋化を進める明治政府への反発が主因だったと考えられている。朝鮮側は日本を、侵略者たる西洋列強の手先と見なしていたのである。朝鮮は一八六六年にフランスの、一八七一年にアメリカの軍艦を撃退していた。大久保はこの件に言及し、攘夷に成功し自信を深めている朝鮮側が国交樹立に応じる確率は低いと説く。

朝鮮側が、西郷を殺害しないにせよ、無礼な態度をとることは十分に予想され、その場合、日本は国家の威信を守るために出兵を迫られる。大久保は戦争のデメリットを逐一列挙している。

戦争となれば近代化事業は中断を強いられ、しかも戦費調達のために重税を課したり紙幣を乱発したりせざるを得ないから、国内が混乱に陥る。イギリスの外債に依存して戦争を遂行すれば、イギリスに頭が上がらなくなる。日本と朝鮮が争えば、日本の安全保障上の最大の脅威であるロシアが漁夫の利を得ることになる。そもそも清国とロシアが、日本と朝鮮との戦争に介入しないという保証がない。仮に朝鮮との戦いに勝利したとしても、植民地化のメリットは乏しい。まことに理路整然たる反論である。

このように十四日の閣議では意見が分かれたため、結論を下せなかった。そこで翌十五日に、再び閣議が開かれることになった。

❖──無計画な西郷

十月十五日の閣議には西郷は欠席したらしい。前日に言うべきことは言ったという判断だったのだろう。欠席する代わりに西郷は、これまでの経緯を記した書面（「遣韓使節決定始末」、『大西郷全集』二巻）を太政大臣の三条実美に提出したとされる。

この「始末書」の評価については、西郷の真意をめぐって、「征韓論」説、「遣韓論」説、死処説のあいだで論争がある。ただし、西郷が武力行使を企図していたのか、それとも平和的交渉を考えていたのかという問題には立ち入らない。

ここで着目したいのは、西郷が「始末書」において具体的な見通しを何も語っていない点である。攘夷主義に基づき日本を敵視する朝鮮をどのような交渉によって説き伏せるつもりなのか。交渉不成立で戦争になった場合、戦費をどうやって調達するのか。清国やロシアが戦争に介入してきた場合、どう対処するのか。仮に勝利を収めた場合、朝鮮をどう扱うのか（植民地化するのか否か）。これらの問題について、西郷は自らの見解を一切表明していない。

西郷は朝鮮の対日認識をまったく把握しておらず、清国やロシアの出方についても検討しておらず、軍事作戦も戦後処理も構想していなかったのではないか。西郷は最初から最後まで、対朝鮮政策の具体像を他人に示すことがなかったが、胸中に秘していたというより、そもそも考えていなかったのだろう。

❖──形勢逆転と西郷の下野

十月十五日の閣議では、大久保以外の参議が西郷を支持し、とくに副島と板垣が西郷の派遣を強く求めた（『大久保利通日記』）。だが、大久保はあくまで延期論を譲らず、激論が交わされたため、三条はいったん参議全員を引き取らせ、岩倉と二人だけで協議した。西郷辞任による不測の事態（軍や警察の決起）を恐れた三条は、西郷に賛成すると述べた。こうして西郷の即時派遣が決定し、その旨が参議全員に通知された。

これに憤激したのが大久保である。大久保は三条・岩倉らの懇請により参議に復帰し、西郷派遣を阻止しようとしたのに、ハシゴを外されたのである。大久保は抗議の意を込めて十七日の早朝、三条に辞表を提出し、木戸もこれに続いた。岩倉も責任を三条に押し付けるかたちで辞意を表明した。周章狼狽《しゅうしょうろうばい》した三条は、十八日未明には一時的な錯乱状態になり、政務不能に陥った。これを奇貨として、岩倉・伊藤らが大久保を取り込んで、巻き返しに動く。

二十日、明治天皇は岩倉邸を訪れ、岩倉に太政大臣代行を命じるとともに昼食をとりながら懇談している。岩倉は天皇に西郷派遣延期を訴えたと思われる。二十一日夜、岩倉と大久保の両者が協議し、二十二日の閣議は開催せず、二十三日に岩倉が天皇に西郷派遣延期を上奏することを決定した。

二十二日、西郷は板垣・副島・江藤の三参議とともに岩倉邸を訪れ、十五日の閣議決定を速やかに天皇に上奏するよう迫った。だが大久保と気脈を通じていた岩倉は、閣議での決定と自分の意見を同時に天皇に上奏すると回答した。西郷らは岩倉の越権行為を非難したが、岩倉は一歩も引かず、西郷らは岩倉の説得を断念して退出した。

翌二十三日、岩倉は参内して閣議の即時派遣論と自身の延期論の両論を天皇に上奏して裁可を仰いだが、天皇は即答を避けた。しかし敗北を悟った西郷は、病気を理由に辞表を提出した。

二十四日、天皇は岩倉案を採用し、朝鮮への使節派遣は無期延期となった。この日、板垣・後藤・江藤・副島の四参議も辞表を提出し、西郷の辞表とともに受理された。大久保・木戸の辞表は却下され、内治優先派の勝利が決した。かくして「征韓論」政変、明治六年政変は幕を閉じたのである。

❖――西郷はなぜ政争に敗れたか

以上見てきたように、西郷の真意が朝鮮への武力行使だったにせよ、平和的交渉による朝鮮との国交樹立だったにせよ、西郷がかつての冴《さ》えを失っていたことは間違いない。計画性に欠ける粗雑な対朝鮮政策を掲げた西郷が政争に敗れたのは必然だった。

近年の研究が重視するように、当時の西郷は健康を大きく害していた。肥満に伴う血行障害が著しく、治療のために一日に数回下剤を用いたため、下痢にも苦しめられるようになった。病気のために閣議に参加できなかったこともしばしばあったようである。「征韓論」問題が浮上する直前の明治六年五月には三条と大久保に、健康問題を理由に辞意を表明し、慰留されている。

西郷は激しい胸の痛みにもたびたび苦しめられているから、長年の激務によるストレスが心身を蝕《むしば》んでいたという側面もあったと思われる。とくに明治四年に西郷の主導により明治政府が廃藩置県を断行すると、西郷と旧主の島津久光との関係は極度に悪化し、心労がますます重なることになった。心身の疲弊が西郷の判断力を鈍らせたのではないか。

さらに西郷は、廃藩置県や徴兵令で特権を失った士族（とくに同志たる鹿児島士族）の困窮に心を痛めていた。維新後の日本社会が伝統的な文化・精神を軽視し、安直に西洋文明を模倣する風潮も西郷を苛立たせた。官吏《かんり》の腐敗堕落も目に余るものだった。自らが築いた新時代が己の理想とかけ離れてしまったことに、西郷は絶望していた。

明治日本への強い不満は、西郷から冷静さを奪っていった。現状打開を急ぐあまり、独善的・短絡的な自分のアイディアに熱中し、盟友であった大久保や弟の従道とのあいだに溝をつくった。西郷の失敗は、現代の私たちにとっても学ぶべきところが多い。

❖――「西南戦争」とは何だったのか

西郷が明治十年（一八七七）に起こした西南戦争は、最大にして最後の士族反乱、さらに言えば日本最後の内戦である。

現役の陸軍大将である西郷の挙兵は、当時大きな衝撃をもたらしたが、後世から見ると、この挙兵は明らかに無謀であった。西郷軍の当初の軍費が約七〇万円であったのに対し、政府軍は約四一六〇万円と大差があった。また西郷軍には海軍がなかった。常識的に考えて、勝てるはずがない戦いであった。

このため、小説やドラマなどでは、若い士族たちの熱意に押されて、死を覚悟して西郷が挙兵を決意する場面がしばしば描かれてきた。実際、同年三月十二日に熊本の西郷が鹿児島県令の大山綱良《おおやまつなよし》に宛てた書簡では、今回の戦いは勝敗を度外視しており、理念に殉じて死ぬつもりである旨が記されている（『大西郷全集』二巻）。

しかし右書簡は、熊本攻城戦が思うようにいかない時点で出されたものである。後述するように、決起した段階での西郷は、勝算は十分にあると認識していた。

周知のように、西郷は戊辰戦争の英雄である。東征大総督府下参謀として新政府軍を勝利に導いた名将が、なぜ西南戦争という無謀な戦争に突き進んだのだろう。

西郷はどこでどのように判断を誤ったのか。征韓論争で敗れて下野した時点に遡《さかのぼ》って考察していく（以下、『鹿児島県史料　西南戦争』を参照）。

私学校の創設と勢力拡大

西郷隆盛が征韓論政変に敗れて鹿児島に帰郷すると、鹿児島出身の軍人・文官たちが西郷に従って辞職帰郷した。その数は数百名にも及んだ。彼らの多くは時勢を嘆くばかりで、無為に日々を過ごしていた。

そこで不平士族と県内の若者に前向きな目的を与えて指導教育するために、明治七年（一八七四）六月、鶴丸城（鹿児島城）わきの旧厩跡《うまやあと》（鹿児島市城山町）に私学校が設立された。設立者は西郷・桐野利秋《きりのとしあき》・篠原国幹《しのはらくにもと》・村田新八《むらたしんぱち》らである。ついで、城下の一二カ所と一三六の各郷に分校が置かれた。

私学校本校の東隣には銃隊学校と砲隊学校が設置された。銃隊学校は旧近衛歩兵を収容し、五〇〇〜六〇〇の生徒を篠原が監督した。砲隊学校は旧藩の砲兵隊出身者を収容し、約二〇〇の生徒を村田が監督した。

賞典学校は、西郷以下が国から与えられた賞典禄を財源にして建てられた士官養成の学校で、コープスなど鹿児島県が雇った外国人教師も出講し、選抜留学の制を設け、明治八年（一八七五）・同九年（一八七六）に計五名をヨーロッパに留学させた。

また西郷は、現在の鹿児島市の北部に位置する台地である吉野町の寺山に吉野開墾社を創立した。ここには元陸軍教導団の生徒だった一四〇〜一五〇人ほどの若者が集められ、吉野の原野を開墾し、米・麦・甘藷《かんしょ》（サツマイモ）などを栽培し、夜は学業を修めた。

西郷は不平士族の自活と精神の錬磨のために、開墾事業を重視し、自らも開墾・農耕に従事した。政府要職に伴うストレスから解放され、農作業に注力したことで、西郷は心身の健康を取り戻した。

鹿児島では、征韓論政変後に政府に不満を感じて帰国した士族たちが主導権を握った。このため、鹿児島県は全国で唯一、西南戦争に至るまでほぼ地元出身者だけで県庁を固め、独自の施策を行なったため、あたかも独立国の様相を呈した。

鹿児島県令の大山綱良は、私学校の勢力が次第に巨大なものになっていくと、西郷らに接近し、私学校の経費を県庁の金から支出するようになった。明治八年、地租改正検地に反発が起こると、大山は地租改正作業を円滑に進めるため、県下大区の区長・副区長の人選を西郷らに依頼した。西郷は私学校関係者と相談し、私学校の人材を候補者として推薦した。

もちろん、その全員が採用されたわけではなかったが、翌明治九年ごろになると、大区の区戸長の過半が私学校関係者で占められるようになった。

それにとどまらず、県庁の役人や警察官にも私学校関係者が多く登用され、私学校派が県下の行政・警察権を握るようになった。旧薩摩藩の武器弾薬も私学校が掌握し、旧薩摩藩の戦力は西郷のもとで温存された。もはや鹿児島は事実上の西郷王国であった。

❖——私学校の暴発

各地で士族反乱が起こるなか、西郷は呼応の動きを見せず、いきり立つ周囲に自重を説いていた。ただし明治九年十一月に盟友の桂久武《かつらひさたけ》に宛てた書簡では、「一度相動き候《そうら》わば、天下驚くべきの事をなし候わん」と述べており（『西郷隆盛全集』第三巻所収）、将来における決起を相当程度、想定していたと見られる。

明治政府に不満をもつ私学校が鹿児島県内で勢力を拡大していくことは、政府にとって憂慮すべき事態であった。

明治十年一月下旬、政府は、鹿児島草牟田《そうむた》陸軍火薬庫の弾薬が私学校派の手に渡るのを恐れ、ひそかに三菱の汽船赤龍丸を鹿児島に派遣し、深夜に大砲・弾薬・弾薬製造機械の接収・搬出を開始した。このことは私学校派を強く刺激した。鹿児島の工場で生産・保管されている火薬・弾丸・武器・弾薬製造機械類は、旧薩摩藩士が醵出《きょしゅつ》した金で製造・購入したもので、搬出する場合には県庁に連絡することが慣例となっていたからである。

同月二十九日夜以後、私学校派士族の一部は、草牟田の陸軍火薬庫ならびに磯海軍造船所付属弾薬庫を襲って、合計八万四千発の弾薬を奪った（火薬庫襲撃事件）。ここに、政府と私学校との対立は決定的となった。

このとき、西郷は大隅半島の小根占《こねじめ》（南大隅町）まで狩猟に出ており、鹿児島を不在にしていた。この報に接した西郷は、「しまった」と絶句したと言う。

加えて、大警視川路利良《かわじとしよし》が私学校派の内部離間を企図して、帰省などの名目で密偵として潜入させた二等少警部中原尚雄《なかはらひさお》らが、同年二月三日、私学校派に捕らえられた。中原は拷問の末に西郷刺殺の密命があったと自白したため、私学校派の怒りは爆発した。

❖──挙兵決意と西郷軍の戦略ミス

西郷は同三日に小根占から鹿児島に帰った。二月五日、旧厩跡にあった私学校本校に西郷および私学校幹部、分校長ら二百余名が集合して大評議が行なわれ、今後の方針が話し合われた。

会議の席では挙兵論と自重論の双方の立場から激論が戦わされた。永山弥一郎《ながやまやいちろう》のように、挙兵せずに西郷が桐野・篠原のみを率いて上京し、政府を詰問すれば良いと説く穏健派もいたが、挙兵論が大勢を占めた。最後に桐野が「断の一字あるのみ」と全軍出兵論を唱え、結論となった。

この結論を受けて西郷は「出兵と決まった以上、自分の身体は皆に預ける」と発言した。この段階では西郷の対応は周囲の強硬論に押された受け身のものであったが、この後、暗殺計画に関する詳細を知ると、挙兵の意を決したようである。西郷は、川路の背後に大久保利通がいることを確信し、大久保が自身を暗殺しようとしたと見なした。ここに西郷軍の意思は、武力による大久保政権打倒に統一された。

二月十四日、西郷軍は、西郷暗殺の陰謀に対して政府に「尋問」することを理由に、武装して北上を開始した。西郷自身も十七日に出陣した。

西郷は一万三〇〇〇名の鹿児島士族を歩兵七個大隊に編成し、篠原や村田、桐野らを「指揮」に任じた。

しかし西郷軍の戦略は、九州防衛の要である熊本鎮台を全軍で陥落させて九州の形勢を制し、機を見て大阪・東京に進出するという大雑把なものだった。

あくまでも結果論であるが、永山が主張したように、西郷が桐野らごく一部の幹部を伴って汽船に乗り込み、当時天皇が滞在していた京都に急行し、今回の暗殺計画について訴え出れば、明治政府（大久保政権）は大きく動揺しただろう。

ところが西郷は多くの将兵を伴っての東上を選択したため、進軍速度は格段に遅くなった。大久保政権はその分、時間的余裕を得た。

絶大なカリスマ性と人望をもつ西郷がひとたび起てば、全国の不平士族が呼応し、農工商の子弟から徴募した士気と練度の低い徴兵を主体とする政府軍など、瞬く間に蹴散らせる。西郷らはそう楽観視していた節がある。源義経に通じる甘さと言える。

西郷らの見方が完全に外れたわけではない。熊本隊・協同隊・竜口《たつぐち》隊・人吉《ひとよし》隊・飫肥《おび》隊・佐土原《さどわら》隊・延岡《のべおか》隊・高鍋隊・福島隊・都城《みやこのじょう》隊・中津隊・報国《ほうこく》隊など九州各地の反政府士族は、挙兵に呼応して順次参戦し、西郷軍の総兵力は三万名に達した。

けれども、西郷軍の北進戦略は、政府軍から離反者が出るという甘い見通しを前提にしていた。挙兵前、西郷は、薩摩藩出身の海軍大輔の川村純義《かわむらすみよし》が味方につく確率が四、五割はあること、また熊本には薩摩藩出身の樺山資紀《かばやますけのり》鎮台参謀長がいるので、鎮台兵のうち一、二大隊は帰順するであろうことを語っている（「丁丑擾乱記」『鹿児島県史料 西南戦争 第一巻』）。周知のように、この目論見は完全に裏切られることになる。

✣――強化されていた大久保政権

西郷らの決起は時機を逸していた。明治七年二月、征韓論政変で下野した江藤新平が佐賀県の不平士族を率いて起こした佐賀の乱は、現地に派遣された内務卿大久保利通の陣頭指揮によって鎮圧された。

同年五月、日本人漂流民虐殺事件を理由に陸軍中将西郷従道が清国（中国）領台湾への出兵を独断で強行した。事態収拾のため、八月、大久保利通が全権弁理大臣として北京に赴いて清国政府と交渉した。会談は難航したが、十月三十一日に「日清両国互換条款」が調印され、日本側は少額とはいえ清国から賠償金を獲得することに成功した。このように大久保利通は政権の基盤を着々と固めていった。

明治八年九月二十日には日本の軍艦雲揚《うんよう》の挑発行為を契機に朝鮮とのあいだで江華島《こうかとう》事件が発生したが、翌九年二月二十六日の日朝修好条規調印で解決し、政府は戦争回避と朝鮮との国交樹立の両方を実現する。日本側が領事裁判権や無関税特権を獲得した条約調印に対して反発は起きなかった。

外交関係を安定させた大久保政権は、国内改革に乗り出す。すなわち、廃刀令や秩禄《ちつろく》処分を断行し、士族の特権を剝奪した。これに不満をもった士族たちによる反乱が相次いだが（神風連《しんぷうれん》の乱、秋月《あきづき》の乱、萩《はぎ》の乱）、各個撃破された。このときに鹿児島士族が呼応していれば、あるいは反乱軍は勝機を得ていたかもしれないが、西郷は動かなかった（六四頁を参照）。

明治初年以来の外交上の懸案を大久保政権が解決した結果、不平士族を中心とした民間の征韓論は影をひそめ、軍内の薩摩閥も外征論を捨てて大久保政権を支持するようになる。

明治十年に西郷らが決起したときには、大久保政権の基盤は西郷下野時よりはるかに強化されており、西郷が官民の不満分子を糾合して大久保政権を打倒する条件はすでに失われていた。

❖――もう一つの戦略ミス

西郷のもう一つの戦略ミスは、決起に大義名分を欠いていたことである。前述のとおり、西郷軍は西郷暗殺計画について政府に「尋問」するという名目で進軍を開始した。これでは、西郷が大久保に対する私怨を晴らすために決起したと受け取られかねない。この点、同じ士族反乱でも、佐賀の乱を起こした江藤新平や萩の乱を起こした前原一誠は、世論を無視する大久保政権の専横を糾弾しており、西郷とは対照的である。

なぜ西郷は、大久保政権の独裁的性格を批判する形で挙兵しなかったのだろうか。これは、一口に反政府勢力と言っても、その内実が多様であったことが影響していると思われる。大久保を批判する声は少なくなかったが、その理由はまちまちで、大久保政権の西洋近代化路線に反発する守旧派もいれば、立憲政治を求める開明的な民権派もいた。西郷はあえて単純なスローガンを掲げることで、多種多様な勢力を引き付けようとしたのではないか。

　加えて、明治政府成立に多大な貢献を果たした西郷にとって、政府転覆は避けたい事態であり、天皇への反逆と受け止められることも苦痛だった。挙兵の動機を大久保との個人的対立へと意図的に矮小化することで、武力革命の色彩を弱めたと考えられる。

　けれども、体制の打倒を堂々と宣言しない不徹底さは、求心力の不足につながった。「尋問」だけが目的ならば、西郷が二、三の幹部を引き連れて上京すれば良いのであって、大軍を動かす以上、それに見合った大義名分を用意すべきであった。西郷の覚悟の不足、中途半端さが敗因の一つであろう。

❖――西郷軍の弱点

　小説やドラマの影響で、西郷軍と言えば、新式銃や大砲を装備した政府軍に刀で斬りこんだ時代錯誤のイメージが強い。しかし挙兵当初の西郷軍は、政府軍の新式銃でもあった元込め式（後装式）のスナイドル銃（一分間に六発発射できた）を相当数保有していた。また西郷軍には総員八〇〇名の二個砲隊も随伴し、四斤山砲二八門・一二斤野砲二門・臼砲三〇門と強力な火砲を備えていた。

薩摩藩から新政府に引き継がれた集成館は陸軍の大砲製造所として用いられ、火薬では明治八年に陸海軍が国内で製造したすべてが、陸軍のスナイドル銃弾では国産の七割が、それぞれ鹿児島製であった。しかし、政府が集成館のスナイドル用弾薬製造機械を大阪砲兵工廠に移送した結果、西郷軍は前装式のエンピール銃やミニエー銃を主軸とせざるを得なかった。

前装式は連射ができないうえ、火薬が濡れると発射できないため、雨天には扱いが難しかった。しかも、大阪砲兵工廠をフル稼働させた政府軍と対照的に、大規模な銃撃戦を想定していなかった西郷軍は開戦直後から弾薬の補充に苦しむことになった。

✣——熊本攻城戦

熊本城

明治十年二月十九日、政府は征討令を発し、征討総督に文官の有栖《ありす》川《がわの》宮《みや》熾仁《たるひと》親王、征討参軍に陸軍中将山県《やまがた》有朋《ありとも》・海軍中将川村純義を任命し、翌二十日、征討総督本営を大阪に設置した。総督の九州入りとともに、本営は福岡・熊本・宮崎・鹿児島と順次移されていった。二十五日、政府は西郷・桐野・篠原の官位を剥奪した。

さて、熊本城下に到着した西郷軍は、二十一日の夜に軍議を開き、全軍あげて熊本鎮台が所在する熊本城を攻略するか、城を一部の兵で牽制しつつ北上するかを議論したが、結局は前者のプランが採用された。

鎮台兵はわずか三〇〇〇名だったが、鎮台司令長官谷干城《たにたてき》は近代の工兵技術によって熊本城を改修し、周囲に地雷を埋めて防備を固めていた。また熊本鎮台にはスナイドル銃が優先的に配備され、大砲も野砲・山砲・臼砲合わせて二六門が据えられていた。

西郷軍は砲兵の到着を待たず、二十二日から熊本城の強襲を開始した。しかし火力の集中運用を図った鎮台軍に対し、西郷軍の攻撃はいかにも場当たり的で、被害を増やすのみであった。

西郷軍は三日間にわたって熊本城を力攻めした。先述のとおり、西郷軍は陸戦用の砲を六〇門も有していたが、攻城に参加したのは一〇門程度に留まった。これは陸路での補給に頼る西郷軍の輸送力不足によるものである。とくに二十三日、西郷軍の弾薬輸送に従事した唯一の汽船迎陽丸が政府海軍に拿捕《だほ》されたことは大きな打撃となった。

二十二日深夜、西郷軍は軍議を開いた。篠原は夜襲案を主張したが、西郷は却下した。西郷軍は、熊本城包囲に一部の兵を残したうえで主力を北上させ、政府軍を迎え撃つ作戦に転換した。

西南戦争関連地図

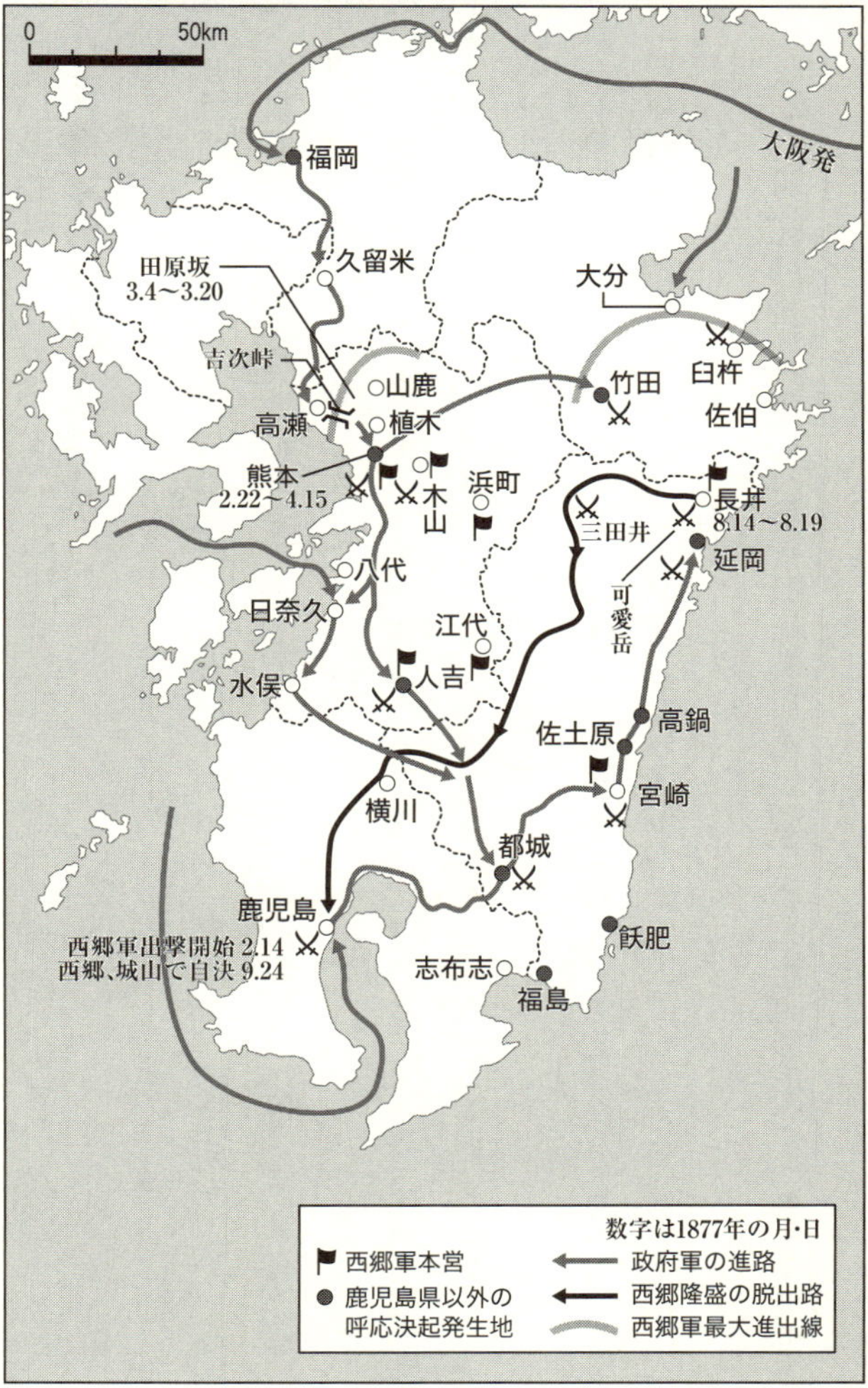
0
50km
大阪発
福岡
久留米
田原坂
3.4〜3.20
大分
臼杵
佐伯
竹田
吉次峠
山鹿
高瀬
植木
熊本
2.22〜4.15
木山
浜町
長井
8.14〜8.19
三田井
延岡
可愛岳
八代
日奈久
江代
人吉
水俣
高鍋
佐土原
宮崎
横川
都城
鹿児島
西郷軍出撃開始 2.14
西郷、城山で自決 9.24
鉄肥
志布志
福島
数字は1877年の月・日
西郷軍本営
鹿児島県以外の
呼応決起発生地
政府軍の進路
西郷隆盛の脱出路
西郷軍最大進出線

❖――西郷軍の誤算と敗死

西郷軍はそもそも熊本鎮台の早期降伏を期待しており、長期戦への備えが十分でなかった。戦闘経験や士気で優《まさ》る西郷軍であったが、やがて増援部隊と弾薬が次々に到着した政府軍の反撃に遭って守勢に回るようになる。

海軍力で圧倒的優位の政府軍は、海上輸送を大規模に展開する一方、沿岸の西郷軍陣地を砲撃するとともに海上を封鎖した。その結果、補給路を断たれた西郷軍は兵士や武器・弾薬、食料・軍資金の輸送に苦しんだ。

連隊長心得乃木希典《のぎまれすけ》が率いる小倉の歩兵第一四連隊は第一・第二旅団と合流し、熊本北方の田原坂《たばるざか》で西郷軍と激突した。三月四日から死闘が繰り広げられたが、二十日、ついに人員・火力に優る政府軍が西郷軍の堅塁《けんるい》を突破した。以後、西郷軍は敗北を重ねることになる。四日に一番大隊長の篠原国幹が戦死したことも、西郷軍にとって痛恨事であった。

同月十九日に黒田清隆率いる別働隊が日奈久《ひなぐ》・八代《やつしろ》方面に上陸して、熊本城攻囲中の西郷軍の背後を脅かした。鹿児島との連絡を断たれた西郷軍は、四月十五日、熊本城の包囲を解き、神瀬《こうのせ》、木山《きやま》を経て、人吉へと本営を移す。ここに政府軍の優位は明らかとなった。

さらに三月七日以降、伊東祐麿《いとうすけまろ》率いる七隻の艦隊が勅使《ちよくし》柳原前光《やなぎわらさきみつ》を伴って鹿児島湾に入り、弾薬製造工場を破壊し、大山県令を連行した。これにより、西郷軍の弾薬補給はますます困難になった。

四月二十七日に川村参軍らが率いる汽船が鹿児島港に入り、翌日に政府軍が上陸したことで、戦局の大勢はほぼ決した。西郷は人吉から都城、延岡、長井村へと敗走を続け、九月一日に鹿児島に帰還したが、兵力は四〇〇名を切るまでに減少していた。

九月二十四日、城山に立て籠る西郷軍に対し政府軍は総攻撃を敢行し、西郷軍は全滅、西郷は自害した。享年五一。

✣──名将西郷はなぜ戦争に敗れたか

政府軍と西郷軍の勝敗を分けた最大の要素は、海軍力である。政府海軍は軍艦一九隻、将兵二二八〇名を動員して参戦した。政府軍は汽船の機動力と輸送力、そして電信を活かして、西郷軍の機先を制し、また物量において西郷軍を圧倒した。

西郷は自身のカリスマ性を過大評価した一方で、汽船や電信といった当時の最新テクノロジーの威力を過小評価していたように思われる。西郷軍は、海に面した本拠地鹿児島の防備すら考慮しておらず、海軍の砲撃になす術もなかった。海軍の薩摩閥が味方するという甘い見通しゆえに、海への備えを怠ったのであろう。

戦局の転換点は熊本城の攻略失敗である。板垣退助らが戦後、堅固な熊本城の攻略に固執した西郷軍の作戦を批判したため（『西南記伝』中巻二）、熊本城強襲策は愚策という評価が定着した。

しかしながら、熊本城を素通りしたところで西郷軍は関門海峡を渡らなければならず、その先にも広島鎮台、大阪鎮台が立ちはだかる。結果論ではあるが、むしろ攻略を途中で断念したことが失敗だった可能性もある。

もし熊本城を陥落させることに成功していれば、その政治的宣伝効果は大きく、全国の不平士族が蜂起したかもしれない。むろん、総合力で西郷軍を凌駕《りようが》する政府軍を打倒できるかどうかは疑わしいが、現実の戦争の推移よりは勝算がありそうだ。

西郷は多大な犠牲を払ってでも、熊本城攻略に全力を尽くすべきだったのではないか。西南戦争において西郷がほとんど陣頭指揮をとらなかった事実は、西郷の覚悟の不足を象徴している。

要するに、西郷の過失は、政府への「尋問」のために大軍を動かすという中途半端さにあったと言える。大久保政権への詰問が目的であるならば兵を用いるべきではなかったたし、戦うと決めたからには兵員の損害を厭《いと》わない冷酷なまでの徹底が必要だった。楽観的な見通しとどっちつかずの方針。西郷の陥った罠は、決して他人事《ひとごと》ではない。

より根本的な問題としては、西郷が現場主義を捨てきれなかったことが指摘できるだろう。薩摩藩の武士を率いる指揮官であった幕末維新の西郷は非常に優秀であった。しかし新政府を主導する立場になってからも、西郷は自らの出身母体である鹿児島士族の利害を第一に考えた。現場（鹿児島士族）の声をストレートに本社（新政府）にぶつける傾向の強い西郷が、新政府の首脳部にいられなくなるのは必然だった。

征韓論にせよ、西南戦争にせよ、西郷が無謀な行動に走ったのは、同志である鹿児島士族を見捨てられないという心情に支配されていたからである。日本全体のためには士族の切り捨てもやむなしと割り切った大久保利通の冷淡さとは対照的である。

日本人は、現場を大事にし続けた西郷を愛したが、国家指導者としては大久保の判断が正解である。現場第一主義を称揚《しょうよう》するだけでなく、その弊害にも目を向ける必要があるだろう。

山本五十六（一八八四〜一九四三年）

大作戦を破綻させたコミュニケーションの欠如

毀誉褒貶激しい人物

太平洋戦争で活躍した日本の軍人で最も有名な人物は、山本五十六であろう。世界の戦史に残る空母機動部隊による真珠湾攻撃という大奇襲作戦を成功させた山本は、戦時中は「軍神」と崇《あが》められた。無論、この時期の山本人気には、戦意高揚《こうよう》のための政府・軍によるプロパガンダの影響が大きかった。前線視察中に米戦闘機に撃墜された最期すら、名誉の戦死として称揚された。

ところが山本は、戦後においても人気を博した。すなわち、アメリカとの国力の差を熟知し、対米開戦に反対の立場でありながら、心ならずも対米決戦に心血を注いだ「悲劇の提督」という評価が定着したのである。

だが一九八〇年代になると、山本「愚将」論が台頭する。契機となったのは元海軍軍人の生出寿《おいでひさし》による『【凡将】山本五十六』（一九八三年、現代史出版会）である。

生出によれば、連合艦隊司令長官になってからの山本の対米不戦論は形ばかりで、実際には真珠湾攻撃計画に熱中していたという。その真珠湾攻撃も見かけの戦果に反して、米太平洋艦隊に決定的な打撃を与えることができず、宣戦布告前の奇襲になってしまったこともあって、かえって米国民を憤激させてしまい逆効果となった。ミッドウェー海戦の大敗も山本の責任であり、そもそも山本の先見として評価されてきた航空兵力重視も、戦艦を軽視した愚策であったと非難する。

山本が最終的な「敗者」であることは論を俟《ま》たない。では山本は、必敗の状況で最善を尽くしたのか、それとも日本海軍の壊滅における責任は大きいのか。山本に過誤や失敗があったとしたら、それは何なのか。

名将・愚将論争を踏まえたうえで、冷静に分析していきたい。

✣――対米戦を断固阻止すべきだったか

米内光政

海軍次官時代、山本五十六が日独伊三国同盟締結について、米英を敵に回す恐れありとして、米内《よない》光政《みつまさ》海軍大臣とともに徹頭徹尾反対の姿勢を貫いたことはよく知られる。対米連合艦隊司令長官に転任したあとも、山本は米英との関係悪化に心を痛めていた。対米戦を辞さずと意気軒高《いきけんこう》な日本の指導者たちに対して、強い不安を抱いていたのは間違いない。

親交のあった国粋大衆党総裁の笹川良一宛に山本が送った昭和十五年（一九四〇）一月二十四日付の有名な手紙の一節に、「併《しか》し日米開戦に至らば己が目ざすところ素《もと》よりグアム、菲律賓（フィリピン）にあらず、将又《はたまた》布哇（ハワイ）、桑港（サンフランシスコ）にあらず、実に華府（ワシントン）、街頭白亜館（ホワイトハウス）上の盟ならざるべからず、当路の為政家果たして此本腰の覚悟と自信ありや」（『大分県先哲叢書　堀悌吉《ほりていきち》資料集』第一巻所収、表記は現代仮名遣いに適宜調整）とある。

すなわち、ひとたび日米戦争が始まれば、西太平洋で勝ったところで戦争は終わらない。アメリカの首都ワシントンで城下の盟を強いるまで戦争を続けなければならないが、日本の指導者にそこまでやる覚悟と自信があるのか聞きたい、というのである。もちろん日本の国力でワシントンまで軍を進めることなど不可能なので、対米戦は避けるべきという含意がある。

それならばなぜ、「対米戦争はやれません。やればかならず負けます。それで連合艦隊司令長官の資格がないと言われるのなら、私は辞めます」と山本は言わなかったのか、というのが前出の生出の批判である。

ただ、近年、大木毅《おおきたけし》氏が指摘するように、海軍次官時代と異なり、部隊を指揮する連合艦隊司令長官の職に就いている以上、職掌外の業務である政治に介入することはできない、というのが山本の考えだったと思われる。

対米戦をやるかやらないかという判断は、政治の領域に存する。政府が対米戦に向けて動いているなか、自身が対米戦に反対の意見を抱いているからといって、戦争準備と指揮の責任を放棄することは、軍人として到底許されない。

とくに海軍には、軍人は政治に口を出さず、己の職分を全うすべきという価値観が支配的であり、山本はこの伝統に忠実であった。

❖――ハワイ作戦への傾斜

十中八九、勝てない戦《いくさ》ではあるが、戦うからには現場の責任者としては最善を尽くさなければならない。山本五十六があらゆる可能性を検討したうえで、万に一つの勝機を見出したのが、ハワイ作戦であった。

山本が「飛行機でハワイを叩けないものか」とつぶやいたのは昭和十五年（一九四〇）三月とされるが（当時、連合艦隊参謀長だった福留繁《ふくとめしげる》の戦後の回想）、作戦が具体化したのは十一月下旬である。海軍大学校での蘭印（オランダ領東インド、現在のインドネシア）作戦の図上演習の際、ハワイ作戦案を及川古志郎《おいかわこしろう》海相に進言した。
この口頭進言を文書にまとめたのが、昭和十六年（一九四一）一月七日付で及川海相に提出した「戦備訓練作戦方針等ノ件覚」である（『大分県先哲叢書　堀悌吉資料集』第一巻）。

ここで山本は、日本海軍が対米戦の基本方針としてきた漸減邀撃《ぜんげんようげき》作戦に疑問を呈している。漸減邀撃作戦とは、太平洋を西進する米太平洋艦隊を潜水艦や航空隊によって少しずつ撃破し、彼我の戦力が拮抗、できれば日本優位になったところで、日本近海において艦隊決戦を行なうというものである。

しかし山本は、漸減邀撃作戦は机上の空論であり、これに固執することは危険であると説く。「作戦方針に関する従来の研究は是亦《これまた》正常堂々たる邀撃主作戦を対象とするものなり。而《しか》して屢《しばしば》次図演等の示す結果を観るに帝国海軍は未だ一回の大勝を得たることなく」、すなわち、図上演習などのシミュレーションを何度行なっても日本側が大勝したことはない、というのである。

さらに、そもそも米太平洋艦隊が日本側の注文どおりに動いてくれて、主力同士の艦隊決戦が実現するかどうかも不透明である。

山本は「（前略）実際問題として日米英開戦の場合を考察するに全艦隊を以てする接敵、展開、砲魚雷戦、全軍突撃等の華々しき場面は戦争の全期を通じ遂《つい》に実現の機会を見ざる場合等をも生ずべく（後略）」と述べ、全軍激突しての艦隊決戦が起こらない可能性を指摘している。

かくして山本は、「日米戦争に於《お》いて我の第一に遂行せざるべからざる要項は開戦劈頭《へきとう》敵主力艦隊を猛撃撃破して米国海軍及米国民をして救ふ可からざる程度に其の士気を沮《そ》喪《そう》せしむること是なり」と結論づける。開戦直後に米艦隊を撃破して、米軍・米国民が立ち直れないほどに士気を挫いてしまおうというのである。

そのための手段が、真珠湾攻撃であった。山本は「勝敗を第一日に於て決するの覚悟を以て計画並に実行を期せざるべからず」と宣言したうえで、具体策を示した。「敵主力の大部真珠港に在泊せる場合には航行部隊を以て之を徹底的に撃破し且潜水部隊を以て同港の閉塞《へいそく》を企図す」というのだ。虎の子の航空母艦（空母）四隻と、山本が自ら鍛えてきた海軍航空隊の精鋭を使って、米太平洋艦隊の本拠地である真珠湾を奇襲するという大胆不敵な作戦である。

✣──実らなかった避戦への努力

もっとも、山本五十六は自分のできる範囲で戦争回避の努力を試みていたようである。

前掲の及川宛ての意見書で、山本は「小官は前述布哇（ハワイ）作戦の準備並に実施に方《あた》りては航空艦隊司令長官を拝命し攻撃部隊を直率せしめられんことを切望するものなり。爾後《じご》堂々の大作戦を指導すべき大連合艦隊司令長官に至りては、自ら他に其人在りと確信する次第なり」と結んでいる。

山本は連合艦隊司令長官のポストを意中の人に譲り、自分は航空艦隊司令長官としてハワイ攻撃をやりたいと希望している。これだけでは何のことやらわからないが、他史料から、予備役にあった米内光政を連合艦隊司令長官に据える構想だったことが判明している。

対米開戦反対派（避戦派）の米内を連合艦隊司令長官に起用するという案は奇妙に思えるが、じつはこれは米内を現役復帰させるための計略だったらしい。米内を連合艦隊司令長官から軍令部総長、もしくは海軍大臣に昇格させ、戦争回避に協力してもらおうというのだ。

一方、予備役となっている米内ら海軍の長老たちからは、山本の海軍大臣就任を期待する声もあった。けれども、これらの案は、開戦間近と目される時期に山本を連合艦隊司令長官から動かすわけにはいかないということで立ち消えになってしまった。

結局、山本の選択肢は真珠湾攻撃だけとなった。なお、以下、事実関係についての記述は、とくに断りがない限り、防衛庁防衛研修所（現・防衛研究所）戦史室『戦史叢書《そうしよ》ハワイ作戦』に依拠した。

❖――職を賭してハワイ作戦を強行

昭和十六年一月下旬、山本五十六は連合艦隊司令部首席参謀の黒島亀人《くろしまかめと》大佐と第十一

航空艦隊参謀長の大西瀧治郎《おおにしたきじろう》少将に対し、ひそかに真珠湾攻撃計画の立案を命じた。黒島はその型破りな発想が山本に好まれていた参謀である。大西は、山本が航空本部長を務めていた時期の腹心で、熱心な航空主兵論者であった。

大西は二月初旬ごろ、鹿児島県の鹿屋《かのや》基地で第一航空戦隊（一航戦）参謀の源田《げんだ》實《みのる》中佐に会い、この計画の基礎研究を依頼した。源田もまた航空の専門家であった。大西と源田は作戦案を練り上げて、四月上旬に山本に提出した。

ところが、山本のハワイ作戦案には海軍内で反対意見が多かった。

八月七日、黒島が軍令部に赴き、ハワイ作戦の採用を強硬に要求し、軍令部第一課長の富岡定俊《とみおかさだとし》大佐とのあいだで激論を交わした。

軍令部側の反対理由は、作戦が投機的・博打的であるということだった。ハワイまでの十日間を発見されずに連合艦隊が航行するのは至難であること、無事にハワイ近海に達しても米艦隊が真珠湾にいない可能性があること、などの問題点を列挙した。

日本陸海軍の対米英蘭作戦の第一段は、南方作戦であった。東南アジアにおける米英勢力を駆逐するとともに、蘭印のジャワなどの重要資源地帯を攻略確保することが目的であった。支作戦にすぎないハワイ作戦に戦力を取られ、まして大きな被害を出すようなことがあっては主作戦である南方攻略作戦に支障をきたす。

九月十一日から二十日まで、東京の海軍大学校において特別図上演習が行なわれた。十六日と十七日だけはハワイ作戦特別図上演習に充てられ、ハワイ作戦の関係者だけが出席し、真珠湾攻撃のシミュレーションが実施された。米艦隊に大きな損害を与えることが期待できるという結果が出たが、日本側の被害も少なくなかった。

この結果を受けて、軍令部のみならず、現場からも疑問の声が挙がった。

ハワイ作戦の実行部隊で、第一航空艦隊（一航艦）の参謀長である草鹿《くさか》龍之介《りゅうのすけ》少将は、海軍の主力をすべてハワイ作戦に投入することに懸念を抱いた。国家の興亡をハワイ作戦という一戦に賭けるのは、投機的すぎると考えた草鹿は、大西の説得に当たった。大西は意見を変え、ハワイ奇襲作戦でアメリカを無用に刺激すべきではないと考えるに至った。

十月三日、ハワイ作戦反対の意見具申をするため、大西と草鹿の両参謀長が、山口県光市室積《むろづみ》沖に停泊していた旗艦「陸奥《むつ》」に山本を訪ねた。

山本は「そう投機的というなよ」と語りかけ、大西を丸め込んでしまった。さらに草鹿に対し「真珠湾攻撃は僕の固い信念である。これからは反対論を言わず僕の信念を実現するよう努力してくれ」と懇願したので、とうとう草鹿も「全力を尽くして実現するよう努力します」と折れてしまった。

十月九日から十三日まで、新しく旗艦になった「長門《ながと》」でハワイ作戦の図上演習と研究会が行なわれた。この過程で第一航空艦隊は、新鋭空母「翔鶴《しようかく》」「瑞鶴《ずいかく》」の第五航空戦隊（五航戦）もハワイ作戦に加え、確実を期するべきだと要望した。山本も同意し、軍令部に空母六隻の使用許可を求めた。

だが、南方作戦に空母投入を不可欠と考える軍令部は連合艦隊案に猛反対した。

そこで山本は最後の手段に出た。十月十九日、軍令部第一課を訪れた黒島は、連合艦隊案が認められない場合、山本は連合艦隊司令長官の職を辞する覚悟であると宣言したのである。

開戦を一カ月後に控えた状況で、連合艦隊司令長官を交替させるわけにはいかない。やむなく軍令部総長の永野修身《ながのおさみ》は「山本長官がそれほどまでに自信があるというのならば、総長として責任をもって御希望どおり実行するようにいたします」と、空母六隻による真珠湾攻撃作戦を認めた。

恫喝《どうかつ》まがいの手段で自分の作戦を押し通した山本のやり方には、後世批判もある。生出は「この時点で、山本が長官を辞任したほうが、海軍にとっても、山本にとってもよかったと思われる」と辛辣《しんらつ》に批評している。

ただし大木氏が言及するように、問題の根本は、日本海軍の構造的な欠陥にあり、山本一人の責任に帰すべきではない。日本海軍の指揮組織は軍令部と連合艦隊司令部の二階建てになっており、いずれが作戦の決定権をもつのかが曖昧であった。山本はこの権限の不分明を利用して、辞職をちらつかせることでハワイ作戦の許可を得た。

とはいえ、上部組織である軍令部、ことにトップである永野に対米戦についての定見があれば、連合艦隊の突き上げを抑えられただろう。あとで詳述するように、軍令部の漸減邀撃作戦のほうが優れていたとは言えず、軍令部が論理的に山本を説き伏せられなかったと見るべきである。

✣――第二撃はなぜ行なわれなかったか

真珠湾攻撃が大成功を収めたのは周知のとおりである。南雲忠一《なぐもちゅういち》中将率いる空母機動部隊が発進させた第一次・第二次攻撃隊による第一撃で、真珠湾所在の戦艦群・陸上基地の航空隊は大打撃を受けた。

しかし、真珠湾の海軍工廠や重油タンクは無傷だった。また、連合艦隊は戦艦を第一目標に定めていたため、巡洋艦・駆逐艦などの被害は軽微であった。このことが戦後、「なぜ第二撃を繰り出して、真珠湾の軍港を徹底的に破壊しなかったのか」という批判を生んだ。

前述のように、山本は真珠湾攻撃によって米海軍に決定的な打撃を与えることを考えていた。すなわち、山本にとってのハワイ作戦とは、米太平洋艦隊の本拠地に切り込み、太平洋の覇権を開戦第一日に決しようとする気宇壮大《きうそうだい》なものであった。

けれども、軍令部の認識は山本のそれとは大きく異なっていた。開戦当時、軍令部第

1941年12月７日（日本時間12月８日）、日本の真珠湾攻撃で炎上する米太平洋艦隊戦艦群

一部長であった福留繁の戦後の回想などからわかるように、軍令部はハワイ作戦を主作戦たる南方作戦を援護するためのものと捉えていた。南方部隊が作戦遂行中に、その側背を米海軍に衝《つ》かれることがないよう、あらかじめ米海軍の脅威を取り除こうというのである。

この軍令部の意向は、現場の機動部隊にも伝わっていた。草鹿は戦後に「出撃前軍令部において、わが母艦を損傷しないように強く要望された」と語っている。支作戦のハワイ作戦で無理をして空母を損傷し、主作戦の南方作戦に支障が出ては本末転倒だ、というのが軍令部の認識であった。

草鹿も軍令部の認識に賛同していたようである。草鹿は戦後に発表した回想録『連合艦隊参謀長の回想』（一九七九年、光和堂）で、「空母二隻を逸したことはかえすがえすも残念であった。しかしまず物的にみても八分の戦果である。またこの作戦目的は南方部隊の腹背擁護にある。機動部隊のたちむかうべき敵はまだ一、二にとどまらないのである。だからこそ、ただ一太刀《ひとたち》と定め、周密な計画のもとに手練《てだれ》の一太刀を加えたのである」と記し、第二撃を加えるべきだったとの批判に対して「下司《げす》の戦法」と反論している。現場の機動部隊は米軍の反撃による被害を恐れ、第二撃を断念したのである。

この点、作戦意図を軍令部や現場に十分に伝えていなかった山本に責任の一端がある。ただ先述のとおり、海軍指揮組織の二重性（軍令部と連合艦隊司令部）が根本的な問題であり、山本一人を責めるのは酷である。

もっとも、山本が海軍中央部の許可を得て現地ハワイに乗り込み、直接指揮をとるべきではなかったかとの批判もある。元海軍軍人で軍事史学者の野村實《のむらみのる》は、ハワイ作戦に参加する戦艦か空母のうち一隻をハワイ作戦中は連合艦隊旗艦とする、あるいは山本が第一航空艦隊司令長官を兼務する、といった方法があったと指摘する。

第一撃の戦果が連合艦隊司令部に伝わると、幕僚たちは機動部隊に第二撃を命じるべしと意見具申した。だが山本は、機動部隊の被害状況がわからぬ以上、機動部隊指揮官の南雲の判断に委ねようと述べ、第二撃命令を退けたという。仮に山本が現地で指揮をとっており、彼我の状況を克明に把握できていたならば、第二撃を命じていたかもしれない。

総じて、山本が斬新な作戦を構想しながら、その作戦の実行を現場に丸投げしたため、山本の作戦意図を現場が正確に理解できず、第二撃を簡単に断念したと結論づけることができよう。山本の説明不足という悪癖は、真珠湾攻撃においては大きな問題を生まなかったが、ミッドウェー海戦では深刻な事態をもたらすことになる。ただし近年の研究では、第二撃を行なった場合、連合艦隊は大きな被害を受けていたとの指摘もある。

✣——真珠湾攻撃は正しかったか

真珠湾攻撃自体、行なわないほうが良かったという説もある。これは、軍令部関係者などが戦後に唱えたもので、生出は彼らの意見を逐一紹介している。

曰く、真珠湾攻撃の戦果は見掛け倒しである。奇襲時、米空母は真珠湾に在泊していなかったので、一隻も沈められなかった。加えてアメリカ軍の戦艦八隻を撃沈または損傷させたものの、真珠湾の浅海は水深が一二メートルしかなく、港湾施設の損害も少なかったため、六隻は後に引き揚げられ修理され戦線復帰している。つまり、最終的にアメリカ軍が失った戦艦は、「アリゾナ」と「オクラホマ」の二隻にすぎなかった。

さらに、航空機により戦艦を沈めることができると知ったアメリカは、航空主兵に転換した。日米の工業生産力には大差があり、アメリカが航空兵力を整備し航空戦を挑んでくるようになると、日本の航空兵力はたちまち消耗して、一年後にはほぼ無力になってしまった。

これらの批判は、たしかに的を射ている。けれども軍令部が本来考えていた漸減邀撃作戦のほうが勝算ありという生出らの主張は、どうであろうか。

軍令部が想定していた漸減邀撃作戦は、アメリカ一国と戦うことを前提にしていた。だが現実には、日本はアメリカのみならず、イギリスやオランダをも敵に回したため、連合艦隊は米太平洋艦隊との戦いに全力を注ぐことはできなくなった。南方作戦にも参加しなければならないし、イギリス東洋艦隊への対応も必要になった。南方作戦と、米海軍との艦隊決戦とを両立することは極めて困難である。

黒島亀人は軍令部との論戦において、真珠湾攻撃によって米太平洋艦隊を叩いておかなければ南方作戦は不可能であると主張したが、これは黒島の言うとおりだろう。真珠湾攻撃によって、一時的とはいえ、米太平洋艦隊を行動不能にしたからこそ、南方作戦はスムーズに進んだのである。

とどのつまり、日本海軍にはハワイ作戦以上の妙案はなかったと言える。外交当局の不手際により開戦通告が遅れ、真珠湾攻撃が宣戦布告前になったこともあり、「だまし討ち」に遭った米国民は怒り、かえって士気を高揚させてしまった。この点は山本の誤算であったが、ほかは予想以上の成果だった。

米太平洋艦隊が航空哨戒を怠っていなければ、真珠湾到着前に機動部隊は発見され、かなりの被害を受けていただろう。山本の勝利は敵の油断や幸運に助けられたものであり、現実以上の成果を挙げることは難しい。

連合艦隊が米太平洋艦隊主力を撃破したことで、米艦隊が南方作戦に介入する可能性はなくなり、南方部隊は行動の自由を得た。開戦から半年の日本の快進撃は、真珠湾攻撃の成功に支えられている。軍令部が望む作戦目的を山本は果たしたのであり、この時点での山本は「勝者」と呼んで差し支えなかろう。

その「勝者」山本は、いかにして「敗者」へと転落していったのか。真珠湾攻撃以後の山本の軌跡を見ていこう。

❖――ミッドウェー作戦の浮上

対米開戦以降の日本海軍の作戦行動は、山本五十六のシナリオにほぼ沿う形で進行した。真珠湾攻撃の成功に始まる連合艦隊の破竹《はちく》の勢いによって、山本の声望は高まる一方であった。

しかしながら、連合軍（米英豪など）との和平の兆しは見えなかった。先に述べたように、山本はつねに先手を取る積極攻勢策で米海軍を完膚《かんぷ》なきまでに叩き潰し、短期間で戦争終結に導くという戦略構想をもっていた。アメリカが屈服しないなら、さらなる連続攻撃が必要である。そうした問題意識のなかで浮上したのがミッドウェー作戦である。

もともと山本は、開戦翌日には黒島亀人大佐らにハワイ攻略の研究を命じていた（『戦史叢書　大本營海軍部・聯合艦隊〈2〉』）。この山本のハワイ攻略構想については、後世、補給の問題を無視した机上の空論と批判されたが、山本は短期決戦による和平を考えており、長期の占領は想定していなかったのだろう。

けれども、大規模な地上部隊を必要とするハワイ攻略については陸軍が否定的であった。この時点での陸軍の最大の関心は、対ソ戦に備え、満洲の防備を固めることだったためである。

ハワイ攻略作戦の実現の見込みがないと悟った山本ら連合艦隊司令部は、海軍だけで実行できる作戦案に変更した。それがミッドウェー作戦である。なお、以下、事実関係についての記述は、とくに断りがない限り、防衛庁防衛研修所戦史室『戦史叢書 ミッドウェー海戦』に依拠した。

❖——連合艦隊と軍令部の対立

真珠湾攻撃の際、米航空母艦（空母）は湾外にいたので無事であった。この無傷の米空母部隊の存在が連合艦隊の悩みの種であり、来るハワイ攻略作戦にも大きな支障になるものと思われた。

そこで連合艦隊は、ミッドウェーを攻略することによって米空母部隊の誘出を図り、これを捕捉撃滅しようと考えた。このようにミッドウェー作戦は、山本の持論である積極攻勢策、連続攻撃策を反映したものであった。

ところが、軍令部は異なる戦略構想を抱いていた。そもそも開戦前の軍令部の戦略は、第一段作戦（南方作戦）で南方資源地域を攻略し、資源の自給自足体制を整えたあとは、連合軍の反攻に備えるという守勢のものであった。だが、南方作戦が予想以上に順調に進んだ結果、軍令部はより積極的な方針に転換する。

軍令部はまず、連合軍の反攻の拠点となるだろうオーストラリアの占領を考えたが、膨大《ぼうだい》な陸軍兵力を要するために陸軍に断られた。そこで次善の策として、アメリカからオーストラリアへのシーレーンを遮断するため（米豪遮断）、フィジー、サモアを占領することにした。この作戦はFS作戦と呼ばれた。

ただし、FS作戦もあくまで守りを固めるための作戦であり、長期持久戦を覚悟している点で、山本の短期決戦戦略とは対照的である。またしても、海軍の指揮中枢が二つ並立していること（軍令部と連合艦隊司令部）の弊害が露呈した形である。

❖——ミッドウェー作戦案をごり押し

連合艦隊はミッドウェー攻略案を含む第二段作戦を策定した。軍令部に配慮してFS

作戦を部分的に採り入れたが、フィジー・サモアは占領せず、攻撃破壊にとどめることにした。以下のようなスケジュールである。

五月上旬　ポートモレスビー攻略作戦
六月上旬　ミッドウェー作戦
七月上旬　ＦＳ破壊作戦
十月（目途）　ハワイ攻略作戦準備

昭和十七年（一九四二）四月三日、連合艦隊戦務参謀の渡辺安次中佐は上京して、軍令部に連合艦隊の作戦案を説明したが猛反対に遭った。ミッドウェーを占領したとしても補給困難のため維持は不可能だというのだ。

ところが四月五日、渡辺が福留繁第一部長、伊藤整一次長に直訴し、「この案が通らなければ山本長官は連合艦隊司令長官を辞職すると言っておられる」と伝家の宝刀を抜いた。ハワイ作戦のときと同じ手であるが、またもや軍令部は山本の脅しに屈した

（『歴史と人物』昭和六十年冬号「太平洋戦争シリーズ　日本陸海軍かく戦えり」）。かくしてミッドウェー攻略作戦（MI作戦）は決定した。

そして軍令部の要望により、MI作戦と同時にアリューシャン西部攻略作戦（AL作戦）も合わせて行なわれることになったため、本作戦には連合艦隊の決戦兵力のほとんどが動員されることになった。ただ依然として軍令部は消極的で、MI作戦の実施時期はなかなか決まらなかった。

ところが、四月十八日に日本本土がアメリカ陸軍航空軍のドゥーリットル爆撃隊に奇襲され、状況は一変した。物理的被害は軽微であったが、帝都東京を含む日本本土の要地を空襲された軍令部の心理的衝撃は大きく、MI作戦に本腰を入れ始めた。

MI作戦は急いで実施されることとなり、その分、詰めの甘いものとなった。実施する現場からは作戦の延期を求める声が上がったが、連合艦隊司令部は聞く耳をもたなかったという。

❖ミッドウェー海戦の経緯と結果

昭和十七年六月五日に行なわれたミッドウェー海戦は、よく知られているように日本側の惨敗に終わった。日本海軍は、連合艦隊機動部隊において最重要の戦力であった大型正規空母四隻を失うという致命的な損害を受けた。これに対して、米国側の空母損失はわずか一隻にすぎなかった。日本軍の快進撃は開戦半年で止まり、同海戦は太平洋の制海権をめぐる日米両軍の戦いにおける転換点となった。

同海戦の経緯を簡単にまとめておこう。作戦海域に到達した第一機動部隊はミッドウェー攻撃隊を発進させた。しかし、艦上攻撃機によるミッドウェー基地爆撃は不十分であった。ミッドウェー付近には米艦隊はいないものと判断した第一航空艦隊司令長官の南雲忠一中将は、ミッドウェー基地に対する第二次攻撃を実施することにした。

だが、陸上攻撃用爆弾の搭載を終えたところに、索敵機から敵発見の報が入った。慌てて南雲は、攻撃目標を米機動部隊に変更し、航空機の兵装を艦船攻撃用魚雷に転換するよう命じた。

ところが、各空母が攻撃機を発進させる準備中に、米急降下爆撃機が襲来した。日本側の攻撃機は魚雷を積み燃料を満載して、格納庫から飛行甲板に並べられようとしていた。また格納庫内には、兵装転換の際に取り外された爆弾が信管をつけたまま放置されていた。このため、被弾とともにそれらが誘爆して大火災に覆われ、第一機動部隊の「加賀《かが》」「赤城《あかぎ》」「蒼龍《そうりゅう》」の三空母が相次いで戦闘不能になり、のちに沈没した。

たまたま航路を変更していた「飛龍《ひりゅう》」だけが難を逃れ、同艦座乗の第二航空戦隊司令官の山口多聞《やまぐちたもん》少将は独断で米空母攻撃を決意する。「飛龍」は米空母「ヨークタウン」を航行不能にして一矢報いたが、多勢に無勢。ついに米空母機の波状攻撃を受けて沈没した。連合艦隊は全空母を喪失する大敗を喫して作戦を中止した。

なぜ機動部隊は、米急降下爆撃機の奇襲を許したのか。南雲は帰還したミッドウェー基地攻撃隊の収容を優先し、また米空母攻撃用の艦上爆撃隊の準備を十分に整え、護衛戦闘機をつけたうえで発進させようとした。この遅れが命取りになった、艦上爆撃機を急いで発進させるべきだったのではないかとの批判があり、「運命の五分間」などと評される。

だがここでは、現場指揮官である南雲の判断の当否には立ち入らず、ミッドウェー作戦を立案した山本の問題点を指摘していきたい。

✣――兵力分散の愚

まず大きな作戦ミスとして、山本が軍令部と妥協してAL作戦を認めてしまったことが挙げられる。アリューシャン攻略を担当する北方部隊には、小型空母「龍驤《りゅうじょう》」「隼鷹《じゅんよう》」を基幹とする第二機動部隊（角田覚治《かくたかくじ》少将）が充てられることになった。

連合艦隊としては、AL作戦は一種の陽動作戦であり、米海軍の注意を北方に向けさせることを企図していた。だが、アメリカ側は暗号解読によって日本側のMI作戦の時期・兵力を把握しており、米太平洋艦隊はミッドウェーの北東方海面で連合艦隊を待ち構えていたので、AL作戦はたんなる兵力分散に終わった。

この時期の連合艦隊の兵力量・練度は、米太平洋艦隊のそれを凌駕しており、小細工を弄《ろう》さずに正攻法で戦えば順当に勝てたはずである。

仮に、史実ではアリューシャン方面に向けられた「龍驤」「隼鷹」が南雲の第一機動部隊に加わっており、右二空母がミッドウェー空襲に専念し、「加賀」「赤城」「蒼龍」「飛龍」の四空母が米空母に備えていたら、戦局は大きく変わっていただろう。

そもそも、第一機動部隊は当初、主力空母六隻で編成するはずだったが、珊瑚海《さんごかい》海戦で船体や航空隊に損失が出た「瑞鶴」「翔鶴」が参加できなくなったため、四隻に減らされたという事情がある。にもかかわらず、山本率いる連合艦隊司令部は戦力を補強する手当を講じなかった。対する米空母は多くても三隻、おそらく二隻しか出てこないだろうから、「世界最強」の第一機動部隊なら四隻で十分という驕りが見て取れる。

山本は、敵を圧倒する大兵力を集中するという作戦の大原則を忘れていたと言わざるを得ない。

ミッドウェー海戦時、山本は主隊と警戒部隊とからなる主力部隊を直率して出撃した。前年末に就役したばかりの「大和《やまと》」ほか、日本が誇る戦艦群はこの主隊に配属された。

ところが、山本率いる主力部隊は機動部隊のはるか後方を進んでいた。当然、空母決戦が行なわれた際、主力部隊が機動部隊を掩護《えんご》することはできない。この点に関しては、作戦検討段階から異論の声も出たという（源田實『海軍航空隊始末記　戦闘篇』文藝春秋新社、一九六二年）。現実に、ミッドウェー海戦では「大和」「長門」「陸奥」といった主力艦隊が戦場に到着する前に勝敗が決し、完全に遊兵化した。

右の対敵配備からは、次のような山本の戦術思想が読み取れる。すなわち、空母機動部隊の艦載機の攻撃によって敵空母を撃滅したうえで、戦艦群が戦場に駆けつけて残敵を掃討する、というものである。これは、敵艦隊の戦力を削いだのち、戦艦を中核とする味方主力艦隊が艦隊決戦を行なうという点で、日本海軍伝統の漸減邀撃作戦の枠を超えていない。

山本は航空主兵論者であり、真珠湾攻撃において、これからの海戦においては空母・航空機が主役であり、戦艦は脇役であることを自ら証明した。にもかかわらず、大艦巨砲主義・艦隊決戦思想を捨てきれなかった。作戦部隊の編成を、空母を基幹とする機動部隊主体に切り替えることができず、旧来の戦艦中心を踏襲した。

✣――活かされなかった珊瑚海海戦の戦訓

連合艦隊が空母四隻を失った一因は、空母防禦《ぼうぎょ》の意識が乏しかったことにある。空母の特徴は、攻撃力は極めて大きい反面、防禦力が脆弱なことである。このため、「攻撃は最大の防禦」であると見られていたが、敵に先手を取られ、攻撃を受けた場合はどうするか。この対策を講じる必要があった。

この空母の弱点に関して、山本は参照すべき貴重な戦訓を得ていた。昭和十七年五月、井上成美《いのうえしげよし》が司令長官を務める第四艦隊は、第二段作戦の一環として、連合軍の航空基地であるニューギニアのポートモレスビー攻略を目的とするMO作戦を発動した。連合艦隊は、米空母の出動を予期して、空母「瑞鶴」「翔鶴」からなる原忠一提督麾下の第五航空戦隊を井上の指揮下に入れていた。

予想どおり、米海軍はフレッチャー少将麾下の空母「ヨークタウン」「レキシントン」から成る機動部隊を珊瑚海に派遣し、第四艦隊を迎え撃った。ここに作戦行動中の空母機動部隊同士が艦載機によって攻撃をかけ合う世界初の海戦、珊瑚海海戦が勃発した。

五月八日の朝から両艦隊は索敵機を飛ばし、同時刻に相手を発見し、攻撃機を発進させた。結果は、日本側が空母「翔鶴」大破、小型空母「祥鳳《しょうほう》」喪失、アメリカ側が空母「レキシントン」沈没、空母「ヨークタウン」中破（のちに応急修理されてミッドウェー海戦に参加）であり、戦術的には連合艦隊の勝利であった。けれども日本軍は計画していたポートモレスビー攻略作戦を中止しており、日本軍の作戦を阻止した米軍の戦略的勝利と言えよう。

世界初の空母機動部隊決戦であった珊瑚海海戦は、攻撃の要である空母を守るには、どのような艦隊を編成するべきかという課題を提起した。ところが、連合艦隊司令部は今回の作戦失敗はすべて第四艦隊及び第五航空戦隊（五航戦、九二頁を参照）の未熟にあると決めつけた。精鋭の一航戦（母艦は「加賀」「赤城」）・二航戦（母艦は「蒼龍」「飛龍」）だったら米機動部隊を一蹴《いっしゅう》できたというのだ。

前述のとおり、ミッドウェー海戦は五航戦を欠き、一航戦・二航戦のみで戦った。作戦を延期して五航戦を参加させる手もあったはずだが、五航戦抜きで作戦を強行したのは五航戦への低評価も影響していよう。

もともと海軍きっての知性派である井上が歯に衣着せぬ物言いのために海軍内で反感を買っていたこともあり、井上の指揮に問題があったという非難が噴出した。井上の戦略眼を買っていた山本ですら、親友の堀悌吉中将（予備役）に宛てた昭和十七年五月二十四日付の手紙で「井上はあまり戦はうまくない」と書いている（井上成美伝記刊行会『井上成美』）。

珊瑚海海戦を真摯に検証していたならば、巡洋艦や駆逐艦で幾重にも空母を囲んで防御する輪形陣を導入し、強大な対空火力をもつ戦艦や重巡洋艦をも空母の護衛の任につかせるといった対策を考案できたはずである。現に、米太平洋方面艦隊司令部はそうした改善策を講じている。

けれども山本がミッドウェーに向かう機動部隊につけた護衛は、戦艦二、重巡二、軽巡一、駆逐艦一二にすぎなかったのである。

❖――作戦目的の二重性

ＭＩ作戦の根本的な問題は、ミッドウェー島占領と米空母撃滅の二兎《にと》を追ったことにある。つまり、作戦目的の二重性という問題があった。

山本が当時、最も重視していた課題は、真珠湾攻撃で仕留め損ねた米太平洋艦隊の空母群を捕捉撃滅することであった。しかし、連合艦隊機動部隊に対して劣勢の米機動部隊は容易には仕掛けてこないと見られた。実際、米機動部隊は太平洋各地に出没していたものの、ヒット・アンド・アウェイに徹していた。

したがって連合艦隊としては、米空母群の出撃を誘い出す必要があり、そのための手段がＭＩ作戦であった。ミッドウェーは、アメリカの太平洋における防衛拠点として不可欠な戦略的要地であり、日本海軍主力がその攻略に乗り出してきたら、米太平洋艦隊も空母群を派遣して掩護せざるを得ないからである。

すなわち、この作戦の主目的は、ミッドウェーの占領そのものではなく、同島の攻略によって米空母群を誘引し、これに対し連合艦隊機動部隊が航空決戦を強要して一挙に撃滅することにあった。

ところがMI作戦は、連合艦隊の戦略的奇襲が成立することを前提として組み立てられていた。米機動部隊の出現はミッドウェー攻略のあとであるという先入観があり、ミッドウェー攻略中に米機動部隊が介入する事態を十分に想定できていなかった。

ミッドウェー基地と米機動部隊のうち、価値の高い攻撃目標は言うまでもなく後者である。だが、米機動部隊は出現するかどうかわからないし、出てくるとしてもどのタイミングかわからない。

一方、ミッドウェー島は絶対に占領しなければならない。陸軍歩兵約三〇〇〇名、海軍陸戦隊約二八〇〇名を乗せた輸送船隊や護衛部隊などが予定時刻に間に合うよう上陸地点に向かっているのである（草鹿『連合艦隊参謀長の回想』ほか）。

軍令部もミッドウェー攻略を重視していた。現場の機動部隊にしてみれば、来るかどうかわからぬ米機動部隊に備えて航空兵力を遊ばせておくより、全力を基地攻略に振り向けたいと思うのは人情であろう。そして事実、南雲はそう判断したのだ。

山本は、ＭＩ作戦の目的と構想を第一機動部隊の南雲に十分に理解・認識させるべきだった。だが、南雲に対してのみならず軍令部に対しても、連合艦隊の幕僚陣に対してすらも、丁寧に説明することはなかった。第一航空艦隊（一航艦）の航空参謀だった源田實の戦後の回想によれば、黒島から「機動部隊の主要任務は、ミッドウェー攻略の支援だ」と説明を受けたという（ゴードン・Ｗ・プランゲ『ミッドウェーの奇跡 上』原書房、一九八四年）。

事前にわかっていた問題点

じつは作戦の二重性という問題は、作戦の検討段階で判明していた。

四月二十八日から一週間かけて、旗艦「大和」で「連合艦隊第一段作戦戦訓研究会」（これまでの作戦の総括）と「第二段作戦図上演習」が開かれた。

五月一日から第二段作戦の図上演習が行なわれた。図上演習では連合艦隊参謀長の宇《う》垣纏《がきまとめ》中将が統監兼審判長兼青軍（日本軍）長官を務め、戦艦「日向《ひゅうが》」艦長の松田千秋大佐が赤軍（米軍）長官を務めた。

この図上演習において、ミッドウェー攻略の最中に米空母が出現し、空母決戦が行なわれた。日本空母部隊に大被害が出て攻略作戦の続行が難しくなると、宇垣は審判をやり直し、空母「赤城」に命中した爆弾九発は三発に減らされ、沈没ではなく小破となった（淵田美津雄《ふちだみつお》・奥宮正武《おくみやまさたけ》『ミッドウェー』新装版、朝日ソノラマ、一九七四年）。

本来であれば、この時点でＭＩ作戦の中止か練り直しを議論しなければならないのだが、すでに作戦は決定しており、いまさら変更できない。ここに日本海軍の硬直性が表れている。

判定の変更により、ミッドウェー島攻略は成功したが、計画期日より一週間遅れ、一部の駆逐艦は燃料不足で座礁《ざしょう》した。宇垣は「連合艦隊はこのようにならないように作戦を指導する」と発言した。

図上演習に続く戦訓分科研究会において、宇垣は一航艦の参謀長である草鹿龍之介少将に対し、「敵に先制空襲を受けたる場合、或《あるい》は陸上攻撃の際、敵海上部隊より側面を敲《たた》かれたる場合、如何《いか》にするや」と尋ねた。すると草鹿は「斯《かか》る事無き様処置する」とあっさり答えたため、宇垣が具体的にどうするのかと追及すると、源田が「敵に先ぜられたる場合は現に上空にある戦闘機の外全く策無し」と悲観的な見解を吐露した（『戦《せん》藻録《そうろく》』）。

だが、この問題の検討は、そのあと深められることがなかった。連合艦隊司令部が出撃を間近に控えて五月二十五日に実施した図上演習や兵棋演習では、ミッドウェー攻略の翌日の情勢から発動している。赤軍（米軍）の空母部隊と主力部隊はハワイ諸島オアフ島の南東四五〇カイリにいて西方に急行中、というのが立ち上がりの状況であった。ミッドウェー島攻略が奇襲によって成功することが前提になっており、攻略途中で米機動部隊が出現することはもはや考慮すらされていなかったのである。

連戦連勝を続けてきた連合艦隊に驕りがあったことは否めない。山本は部下の油断を戒める立場にあったが、彼自身、楽観的な空気に呑まれ、欠陥のあるＭＩ作戦を強行してしまったのである。

✣――山本はどこで間違えたか

ミッドウェー敗戦後、ガダルカナルをめぐる攻防における山本の作戦指揮にも批判はある。だが、それをあげつらっても詮無きことである。山本の連続攻勢策を実行するうえで不可欠の空母四隻をミッドウェーで失った時点で、山本の「敗北」はすでに確定したのである。

これに関連して、ＭＩ作戦をやらずに軍令部の主張どおりＦＳ作戦を実行していればよかったのではないか、という意見がある。けれども山本が説いてきたように、アメリカとの国力差を考慮すると、長期戦になれば必敗である。

無論、戦わないことが最善であるが、対米戦をやれと言われた以上、息つく暇を与えぬ連続攻勢でアメリカを守勢に追い込み、講和にこぎつけるしかない。ハイリスクハイリターンの冒険的な作戦を繰り返すことで、万に一つの勝ちを拾うという山本の戦略は、あながち否定できない。

山本に問題があったとすれば、投機的な作戦を実施するにもかかわらず、慎重さを欠いていたことだろう。賭けに出る以上、リスクは覚悟しなければならないが、細心の注意を払い、リスクをできる限り低減する努力は求められる。「リスクがあるのは当然」と開き直りがちな私たちにとって重い教訓である。

✣——山本のマネジメント失敗

より組織論的に分析すると、山本五十六の立場が中途半端であったという問題が指摘できるだろう。既述のとおり、当時の日本海軍の作戦指揮系統は、軍令部と連合艦隊の二階建てになっているという欠陥を抱えていた。現代風に言えば、連合艦隊は本社・本部（軍令部）と現場（機動部隊）の間に挟まれた、中途半端な組織であった。

この組織構造の歪みに引きずられて、連合艦隊司令長官である山本の判断は、本社的でも現場的でもない、極めて中途半端なものになってしまった。

戦争の大局を踏まえず、軍令部を押し切る形でミッドウェー作戦を決定にもち込んだ山本の行動は、現場的である。一方で、連続作戦で疲弊していた機動部隊からの作戦延期を求める声を山本が無視した点は本社的である。山本は作戦意図を、本社である軍令部にも、現場である機動部隊にも十分に伝えなかった。山本は本社と現場をつなぐどころか、むしろ意思疎通を妨げる要因になってしまった。

現場の声を吸い上げつつも、それを全面的に受け入れるのではなく、大所高所から判断する。そうした指導者の理想像と、ミッドウェー作戦時の山本の振る舞いは、対極にある。

山本は「やってみせ、言って聞かせて、させてみて、ほめてやらねば、人は動かじ」という名言を残したとされるが、山本自身がこのマネジメントの極意をどこまで実践できていたかは疑問である。我々が山本の失敗から学ぶものは多い。

第二章 サラリーマン社長型

［明智光秀／石田三成／田沼意次］

重役や補佐役として有能だった人物が、トップに立つと上手くいかない、というケースはしばしば見られる。官房長官として定評があった人物が総理大臣になると欠点が目立つ、といった事例はその典型だろう。

日本人には、サラリーマンとして出世を重ねて社長に上り詰めた人間を尊ぶ風潮がある。しかし人に使われる立場だった人間が、トップとして人を動かす立場に回ることには、独特の難しさがある。社長になることがゴールではなく、社長になってから本当の困難が待っているのである。

本章では、才能と努力によってトップに上り詰めた人間が、トップになった途端に失敗を重ねてしまった事例として、明智光秀・石田三成・田沼意次を取り上げる。彼らのどこが問題だったのか。その「失敗の本質」から我々が学ぶべきことは多い。

明智光秀（?～一五八二年）

「三日天下」を招いた決断力不足

謀叛の動機を語る史料はない

明智光秀は、日本史上最も有名な「敗者」の一人であろう。天正十年（一五八二）六月二日の未明、織田信長の重臣である光秀が、信長が宿泊していた京都本能寺を急襲し、信長は自害した（本能寺の変）。この時点で光秀は「天下人」に最も近かったと言える。

ところが、光秀は本能寺の変の十一日後には山崎の戦いで羽柴秀吉（のちの豊臣秀吉）に敗れ、敗走中に討たれてしまった。俗に「三日天下」と言う。

光秀はなぜ謀叛を起こし、そしてあっけなく滅びたのだろうか。この謎は多くの歴史愛好家の関心を呼び、さまざまな説が提唱された。

謎を解くうえでネックとなるのが、手掛かりの乏しさである。光秀は謀叛の動機や政権構想を語る前に敗死し、重臣たちもほとんどは落命し、事情を語れる生き証人がいなくなってしまったのである。

光秀は信長を葬《ほうむ》ったあと、自分に味方するよう諸方に書状を送ったはずだが、これもあまり残っていない。光秀が負けてしまったので、光秀と関係のあった人びと、事件の真相を知る人びとは後難を恐れて口をつぐみ、証拠隠滅を図ったものと思われる。この結果、後世に多数の奇説・珍説が生まれることになった。

❖――信長に天皇を超える意図はあったか

歴史学界ではほとんど無視されている一方で、在野・民間の歴史愛好家のあいだで根強い人気を誇るのが、背後から明智光秀に指示を出し、彼を支援した黒幕の存在を想定する各種「黒幕説」である。

黒幕説の一つに、朝廷黒幕説がある。織田信長は自分に反抗的な正親町《おおぎまち》天皇を譲位させて皇太子誠仁《さねひと》親王の即位を計画した。最終的には猶子《ゆうし》にした五の宮を即位させ、自らは太上天皇（上皇）になろうとしていた。このことを察知した朝廷内の反信長勢力が勤王家《のうか》の光秀を動かして信長を討った、というものである。

この朝廷黒幕説の前提は、朝廷と武家政権が権力闘争を行なったという「公武対立史観」がある。ところが、朝廷と武家政権の関係を分析する研究が進展した結果、「公武対立史観」は成り立たないことが明らかになってきた。

現在の主流学説は、共立女子大学教授である堀新《ほりしん》氏の「公武結合王権論」であり、信長と朝廷の相互依存的関係が強調されている。信長の経済的援助により、危機に瀕《ひん》していた朝廷の財政状況は劇的に改善された。朝廷が信長を敵視していたとは考えられず、むしろスポンサーである信長の歓心を買うことに必死だったのである。公武結合王権説の提唱により、公武対立史観に根ざした朝廷黒幕説は説得力を失ってしまった。

天皇が終身在位する近代天皇制に馴染んだ現代人は誤解しがちだが、中世において天皇は、高齢になる前に譲位するのが一般的であり、正親町天皇も譲位を望んでいた。なかなか実現しなかったのは、儀式費用の調達が困難だった（四方に敵をもつ信長は朝廷再興に専念できなかった）からにすぎない。

朝廷黒幕説に関連して、三職推任問題にも触れておこう。三職推任とは、本能寺の変の直前、信長を「太政大臣か関白か将軍」に任命するという動きがあったことを指す。岩沢愿彦《いわさわよしひこ》氏が一九六八年に、『日々記』の記主を公家の勧修寺《かじゅうじ》晴豊《はれとよ》と確定し、本能寺の変前後の政治動向が記された重要史料と位置づけたことにより、信長が征夷大将軍に就任する可能性があったことが明らかになった。

もう少し詳しく説明すると、武田氏滅亡を受けて、天正十年四月二十五日、勧修寺晴豊が信長家臣で京都所司代の村井貞勝を訪れた。二人は「安土へ女房衆御下し候て、太政大臣か関白か将軍か、御推任候て然るべく候よし被申（申され）候、その由申し入れ候」という話をしたのである。

貞勝との面談を踏まえ、晴豊は五月四日に勅使として安土城に赴き、「関東平定（武田氏討伐）の功績の賞として征夷大将軍に任命したい」という朝廷の意向を信長に伝えた。信長は朝廷に明確な返事を示さないまま、本能寺の変で斃《たお》れたため、その真意はいまもわかっていない。

ここで問題になるのが、信長を「太政大臣か関白か将軍」に任命すべし、と発言したのは誰か、ということである。中世の日記においては主語が省略されることがままあり、右の一節もご多分に漏《も》れず主語がない。

歴史研究家の立花京子氏は、主君信長の意を受けた貞勝が、信長を「太政大臣か関白か将軍」に任命するよう朝廷に強要した、と解釈した。そして、この信長の強硬な姿勢が朝廷側の反発を呼び、本能寺の変につながった、というのである。このように、立花氏は三職推任問題を朝廷黒幕説の根拠に据えたのである。

しかし拙著『陰謀の日本中世史』（角川新書）で論じたように、この件を主導したのは信長側ではなく、朝廷側と見るのが妥当である。朝廷は信長のご機嫌をとるために、高い官職を与えようとしたのである。

正親町天皇の安土城行幸《ぎょうこう》計画についても、天皇を見下ろそうとした、安土に遷都しようとしたなどといった説が唱えられているが、これとて実現するまでは憶測でしかない。信長が具体的な行動に移っていない段階で、朝廷が信長抹殺という強硬手段に出ることは考えられない。

✣——足利義昭黒幕(関与)説の説得力

さて、朝廷が本能寺の変に関与した可能性を認めつつも、陰謀を主導したのは毛利氏のもとに身を寄せていた将軍足利義昭である、と主張したのが、三重大学特任教授で織豊期を研究している藤田達生《たつお》氏である。

藤田氏は一九九六年に「織田政権から豊臣政権へ――本能寺の変の歴史的背景」という論文を発表し、以後、機会あるごとに自説の補強に努めてきた。藤田氏の一連の本能寺の変研究の集大成が、『謎とき本能寺の変』（二〇〇三年、講談社現代新書）である。その概略を以下に示す。

織田信長によって京都から追放された将軍足利義昭は、備後国鞆《びんごのくにとも》（現在の広島県福山市）に移ったあと、「鞆幕府」というべき陣容を持ち、毛利輝元を副将軍に任命することで信長に対抗した。だが、信長による毛利氏討伐が進展していくと、義昭は追い詰められていった。そこで義昭は起死回生の策として、旧臣の明智光秀に命じて信長を討たせた、というものである。

さらに最近、藤田氏は、天正十年二月に足利義昭の仲介で、毛利輝元が長宗我部元親《ちょうそかべもとちか》に対信長同盟（芸土同盟）締結を持ちかけたと主張し、自説をさらに拡張している。

朝廷黒幕説に比べて足利義昭黒幕（関与）説のほうが説得力をもつのは、スポンサーである信長に感謝していた朝廷と異なり、義昭が自分を追放した信長を恨《うら》んでいたことは史料から明白だからである。

しかも、義昭にはかつて対信長包囲網を築いた実績がある。光秀が義昭を奉じて全国の大名を反織田で結束させるという図式は想像しやすい。朝廷を味方につけたところで、大義名分は確保できても軍事的なメリットは得られないが、義昭の支持を得られれば毛利氏らとの提携が期待できる。

藤田氏は以下のように論じている。「軍事的にみれば、光秀の率いる軍勢で可能なのは、信長を急襲して権力を奪取することまでであって、その後の政権を維持していく軍事力は明らかに不足していた。したがって事を起こそうとすれば、毛利氏・長宗我部氏・上杉氏など強力な軍事力をもつ戦国大名が反信長で結束していることを、光秀が確信できなければならない」(『本能寺の変』二〇一九年、講談社学術文庫)と。

右の藤田氏の見解は、さまざまな黒幕説が誕生した理由を端的に示している。

後世の我々から見ると、光秀の謀叛はかなり杜撰《ずさん》なものに感じられる。なるほど、信長は討てるかもしれないが、その後、クーデター政権をどのように維持するつもりだったのか。光秀単独で織田家の反撃に対抗することが難しい以上、他勢力と事前に連携していたはずだ、という発想に至る。

そして、もし光秀が誰かと提携するとしたら、かつての主君である将軍足利義昭が最もふさわしい相手であることは疑いない。実際、光秀は敗死の直前に、義昭を擁立する動きを見せている。

❖——毛利氏が動かなかったことの説明は?

とはいえ、足利義昭黒幕(関与)説にも大きな疑問が残る。拙著『陰謀の日本中世史』で詳説したので、ここでは簡単に論じる。

　最大の問題点は、毛利氏が光秀を支援する動きをまったく見せなかった点である。光秀が義昭と事前に提携していたとしたら、その提携の最大の目的は、義昭を通じて毛利氏を動かし、羽柴秀吉を中国地方に釘付けにすることだろう。逆に言えば、毛利氏を対秀吉に活用できないとしたら、わざわざ義昭を担ぐメリットはない。

　藤田氏も認めるように、毛利氏が光秀の謀叛計画を事前に把握していた形跡はない。毛利氏は秀吉との講和交渉を進めており、織田家との決戦を何とか回避しようとしていた。仮に義昭と光秀が共謀していたのだとしたら、毛利氏にも伝えただろう。毛利氏が知らなかったということは、義昭も知らなかったということである。

　この点に関して、藤田氏は『本能寺の変』で次のように反論する。

「なお、本能寺の変が成功したにもかかわらず、なぜ芸土同盟が機能して帰洛戦を開始しなかったのか、との質問をしばしば受ける。これについては、毛利・長宗我部両氏にとって、芸土同盟の本質は攻守同盟だったことが大きい。義昭を盟主として、協力して信長の攻撃に対処することに主眼が置かれていたのだ。

彼らにとって、本能寺の変によってひとまず自家滅亡の危機は去ったのだから、義昭の帰洛戦に応じるには、光秀側の戦況が有利に展開していることと、新政権が成立した場合の地位や恩賞などの条件如何によっていたと考えられる」

要するに、義昭は毛利輝元・長宗我部元親に織田軍（毛利は羽柴秀吉、長宗我部は織田信孝《のぶたか》・丹羽《にわ》長秀《ながひで》）の足止めを依頼していなかったと、藤田氏は主張するのである。

しかし、これでは光秀が一方的に毛利輝元・長宗我部元親に利益を与える形になる。ギブ・アンド・テイクになっていない。これで光秀が納得するだろうか。義昭のほうから光秀に挙兵を持ちかけたという藤田氏の推測が正しいと仮定した場合、光秀は少なくとも、毛利氏による羽柴秀吉の牽制を条件として提示しただろう。

また義昭にとっても、毛利・長宗我部による織田領への侵攻が約束されなければ、両者の同盟を斡旋するメリットがない。藤田氏は「義昭にとっての芸土同盟は、帰洛戦のための軍事的な基盤であった」とも主張しているが、現実には毛利氏も長宗我部氏も義昭の帰洛に一切協力しようとしなかった。二〇一四年に「石谷家文書」（林原美術館所蔵）が発見されたことによって、義昭が芸土同盟実現に向けて奔走したことは判明した。けれども、それは義昭の〝片想い〟にすぎなかったのである。

❖――光秀に義昭を擁立する気はなかった

藤田達生氏は、「政治的にみれば、信長殺しを正当化し政権の正統性を主張するには、将軍・義昭の支持が必要不可欠である。彼の確約がなければ、光秀は信長に替わる政権の展望をもつことはできない」と説く（『本能寺の変』）。

しかし、明智光秀が主体的・積極的に足利義昭と接触した徴証は、本能寺の変のあとですら見られない。天正十年六月九日に光秀が細川藤孝《ふじたか》・忠興《ただおき》父子に宛てた書状（六月九日明智光秀自筆覚書、「細川家文書」）では、義昭の名前は一切出てこない。光秀は自分と親しい藤孝が馳《は》せ参じてくれると期待していたが、案に相違して、藤孝は剃髪《ていはつ》して信長の死を悼《いた》み、光秀の勧誘を拒絶したのである。慌てた光秀は自筆書状を送って藤孝を説得しようとした。

ここで光秀は、本能寺の変を起こした理由について、光秀の娘婿であり藤孝の嫡男である細川忠興を取り立てるためであると主張している。本心とは思えないが、確実な史料（偽文書の可能性がないもの）のなかで、光秀が謀叛の動機を語った唯一のものである。

ところが、この書状に義昭の名前は出てこない。もし光秀が義昭の命令を受けて信長を討ったのだとしたら、義昭の側近だった藤孝を説得する最大の材料だろう。にもかかわらず義昭の話を出していないという事実は、そもそも光秀は義昭の命令を受けていないし、信長を討ったあとも義昭を擁立する気はなかったであろうことを示唆する。

藤田氏は『本能寺の変』で「管領家に連なる細川家や幕府衆である明智家を中心とした国家を構想しているのだから、やはり義昭の帰洛による幕府再興のための軍事行動だったと理解するべきであろう」と説明するが、いかにも苦しい。

藤孝がすでに光秀の同志になっているのであれば、たしかにわざわざ義昭の名前を出さなくても〝阿吽《あうん》の呼吸〟で通じるだろう。だが、現実の藤孝は光秀への協力を拒否したのであり、意思疎通できていない相手に義昭の関与を伝えないのは不自然である。

事実として、六月九日時点で光秀は、信長殺しの正当化に義昭の名前を利用していない。大正大学准教授の木下昌規《まさき》氏も、当時の公家衆の日記などに、光秀が義昭を帰洛させるといった風聞が一切記されていないことを指摘している。したがって、光秀の政権構想に義昭は不可欠な存在ではなかったことになる。

藤田氏は、光秀の政権構想には現職将軍である義昭の存在が不可欠であると説くが、義昭を推戴《すいたい》したほうがかえって政権構想をまとめにくい。利害調整が困難になるからである。

また、藤田氏は鞆幕府の構成を、将軍足利義昭―副将軍毛利輝元と説明するが、明智光秀が鞆幕府と提携して新政権を築いた場合、光秀の処遇はどうなるのか。信長殺害という最重要任務を遂行した光秀が、副将軍の毛利輝元より下の地位で満足できるだろうか。逆に、光秀を毛利輝元より上位に置けば、軍事力・経済力・官位で光秀を上回り、長年義昭を庇護してきた輝元が反発するだろう。

これは藤田説に限らず、黒幕・共謀系の諸説に共通する問題である。

たとえば、光秀の末裔《まつえい》と自称する歴史研究家の明智憲三郎氏は、光秀と徳川家康が共謀して信長を討ったと説くが、光秀と家康のあいだで利害調整をどのように行なうのだろうか。信長の家臣にすぎない光秀が畿内を制圧して新政権の中枢を担うことを、光秀より格上の家康が受け入れるだろうか。

これまでの信長包囲網も、そのあたりの調整が曖昧だったので各個撃破されてしまったが、それでも武田信玄が、また信玄死後は毛利輝元が、主導的な役割を果たしてきた。これに比べると、光秀を軸にした反織田勢力の糾合は光秀に過度の負担がかかり、現実的ではない。危ない橋を渡るのが光秀一人である以上、光秀は信長殺しによって得られる果実を自分より格上の大名たちと分け合わず、独占しようとするだろう。よって筆者は、本能寺の変は明智光秀の単独犯行と考える。

❖――光秀の戦略の死角

ところで、明智光秀は信長打倒後の見通しをどの程度立てていたのだろうか。

一次史料で確認できるのは、前出の六月九日の「明智光秀自筆覚書」に見える「五十日・百日の内には、近国の儀相堅むべく候間、それ以後は十五郎・与一郎殿など引き渡し申し候て、何事も存ず間敷《まじく》候」という一節だけである。十五郎は光秀嫡男の光慶《みつよし》、与一郎は細川忠興のことである。結局、五十日から百日のあいだに畿内を軍事制圧するという大ざっぱな計画しか語られていない。このため、「光秀は変後のビジョンをもっていなかった」（小和田哲男氏）と見なすのが一般的である。

これに対し、藤田氏ら黒幕説を唱える論者は、謀叛を起こす以上、政権構想があったはずだと主張する。しかし、長期的な政権構想がなくても、短期的なプランがあれば謀叛は実行可能である。前例があるからだ。

一つは、室町幕府一三代将軍の足利義輝に敵対した三好《みよし》政権である。天文《てんぶん》十八年（一五四九）に江口の戦いで、三好長慶《ながよし》は三好政長を撃破した。長慶は細川氏綱《うじつな》を擁立し、京都を掌握した。その後、政長を支援していた足利義晴（前将軍）・義輝（現将軍）親子と細川晴元は、近江国坂本（滋賀県大津市下阪本）に逃れる。一般にはこれをもって三好政権の成立と評されている。

翌天文十九年（一五五〇）に足利義晴が死去すると、同二十一年（一五五二）に足利義輝はいったん三好長慶と和睦して京都に戻った。しかし翌二十二年（一五五三）、義輝と長慶は決裂した。義輝は再び細川晴元と手を結んで長慶と戦うが敗北、近江国朽木《くつき》谷《だに》（滋賀県高島市）に逃れた。

以後、三好長慶は将軍不在の京都を治めるが、とりたてて大きな問題は生じていない。弘治《こうじ》四年（一五五八）二月、三好長慶は義輝を無視して勝手に永禄《えいろく》への改元を朝廷に要請し、実現している。「将軍など不要」と宣言したのも同然である。このあと結局、長慶は義輝と和解するが、短期的には将軍不在でも畿内政権の運営は可能であることが示された。

長慶死後、将軍義輝と三好氏の関係は悪化し、永禄八年（一五六五）五月十九日、三好義継《よしつぐ》（長慶の養子）と三好長逸《ながやす》、松永久通《まつながひさみち》（松永久秀の嫡男）らの軍勢が京都二条御所を襲撃し、義輝を殺害した（永禄の変）。

現職将軍が家臣に殺害されたのだから、当時の人びとにとっては本能寺の変以上の衝撃だっただろう。しかし同月二十一日に三好長逸が参内し、正親町天皇から小御所の庭で酒を下賜《かし》されると、天皇が将軍殺害を容認したと見なされ、京都の騒動は鎮静化していった。幕臣たちも三好長逸らの屋敷に挨拶に赴き、将軍殺害に対する批判は広がらなかった。

この後、長逸ら三好三人衆たちが義輝の従兄弟である義栄《よしひで》を将軍に擁立するため、永禄の変の目的は義栄擁立にあったと従来、考えられてきた。しかし、天理大学教授の天野忠幸氏は、義輝殺害から義栄の畿内への渡海まで一年半もかかっており、義栄擁立は当初からの方針ではない、と通説を批判した。天野氏は、三好義継や三好三人衆は、三好氏が足利氏に代わり得る権威を備えたという自意識をもっており、足利将軍の擁立は不要と考えていたと主張している。

反三好勢力の活発化、松永久秀の離反によって、三好三人衆は義栄の擁立に舵を切るが、〈将軍不在の畿内政権〉の可能性を示したと言える。永禄の変は若き日の光秀にとって印象深い事件だったはずで、光秀は「謀叛後、速やかに畿内を平定すれば将軍不在でも畿内政権を構成できる」という認識をもっただろう。

もう一つは、言うまでもなく織田政権である。義昭の追放後、信長は十年近くにわたって将軍不在のまま畿内政権を運営してきた。信長も政権の正統性を確保することを考えていなかったわけではないが、この難問の解決は後回しにされた。そして、それでとくに問題はなかったのである。

なるほど、藤田氏が述べるように、将軍不在状況では畿内政権は安定しない。三好長慶や織田信長は圧倒的な実力を有しながら将軍との和解を模索したし、三好三人衆も結局は足利義栄を将軍に擁立した。

けれども、逆に言えば、将軍不在でも畿内政権の運営は短期的には可能なのである。将軍擁立による政権の正統性確保と畿内の軍事制圧の二つのうち、優先されるべきは後者である。後者を達成できれば、前者はあとからどうとでもなる。

光秀は、将軍足利義昭と信長の対立によって畿内政権が混乱した様子を間近で見てきた。将軍擁立のメリットだけでなくデメリットも深く認識していたのである。最初から義昭を頼れば、義昭に主導権を握られ、光秀の行動は義昭に拘束されることになる。

であるならば、当面は義昭なしで乗り切り、畿内を制圧してから義昭と交渉するほうが得策であろう。義昭を擁立するか否かは畿内を掌握してから考えればよい、というのが光秀の方針だったと思われる。

拙著でも指摘したが、光秀の計画は必ずしも全国の大名との事前同盟を必要としない。羽柴秀吉・柴田勝家・丹羽長秀・滝川一益《かずます》はそれぞれ毛利氏・上杉氏・長宗我部氏・後北条氏を背後に抱えており、容易には畿内に反攻できない（はずだ）。

彼らが前線に釘付けになっている数カ月のあいだに明智軍が畿内を軍事制圧すれば、明智政権の成立が既成事実化する。信長を討ったあとの政治的・軍事的情勢は事前に予測できない部分が大きいので、諸大名との合従連衡はその場ごとに臨機応変に対処する。これが光秀のプランであろう。

ところが、羽柴秀吉の中国大返しによって、光秀は軍事的に孤立した。光秀は膝を屈してでも義昭と提携せざるを得なくなった。歴史研究家の桐野《きりの》作人《さくじん》氏が喝破《かっぱ》したように、「光秀にとっては義昭との提携は大きな政治的後退であり、不本意な妥協策だった」のである。

✣──敗因はビジョンの欠落ではない

とかく後世の人間は、明確なビジョンをもっていなかったから失敗した、と考えがちである。けれども、未来を正確に見通せる人間などいない。現実社会は複雑で不確定要素に満ちており、事前のシミュレーションどおりにはいかないのである。光秀が信長を討ったあとのプランを細かく詰めていなかったことは、必ずしも責められるべきではない。

むしろ光秀の敗因は、秀吉の中国大返しという情勢の急変に対して、機敏に対応できなかったことにある。光秀が義昭を擁立する決断をしたことがわかる現存史料は六月十二日の土橋《つちばし》平尉宛光秀書状（「森家文書」）であるが、この日は山崎の戦いの前日に当たる。義昭との提携に舵を切るタイミングがもう少し早ければ、あるいは歴史は変わったかもしれない。

織田信長は部下に逐一報告を求めるトップだった。明智光秀は信長に事細かに指示を仰ぐことで信長の信頼を勝ち得た。そのような経験を重ねてきた光秀にとって、刻一刻と変化する状況に対応して、トップとして即座に適切な判断を下していくことは、極めて困難だっただろう。上司に判断を仰ぐ立場から、自ら判断を下す立場へ。この立場の変化に応じて、ビジネスパーソンは自身の行動規範を変えなくてはならないのである。

石田三成（一五六〇～一六〇〇年）

最大の敗因は組織づくりの軽視

❖――不当に貶められた三成

江戸時代以来、石田三成の評価の基調は「奸臣《かんしん》」であった。豊臣秀吉の威光を笠に着て横暴に振る舞った悪人、というイメージだ。これは当然のことである。江戸幕府の創設者は徳川家康であり、三成は家康の天下取りを阻止しようとした人物だから、家康が正義で三成は悪という評価にならざるを得ない。

こうしたイメージの転換に大きく寄与したのが、司馬遼太郎《しばりようたろう》の歴史小説『関ヶ原』である。司馬は三成を豊臣の忠臣と位置付けたが、一方で潔癖すぎて清濁併《せいだくあわ》せ呑《の》む度量がなく、生真面目すぎて臨機応変の才に乏しい人物として描いている。

しかし司馬の見方も、三成が「敗者」になったという結果から逆算して、三成を不当に貶《おとし》めているように思える。三成は本当に愚将、凡将だったのか、再検証したい。

家康私婚問題への追及

慶長《けいちょう》三年（一五九八）八月十八日に豊臣秀吉が没した。後継者の豊臣秀頼《ひでより》はまだ幼少だったので、秀吉の遺命に従い、五大老・五奉行の集団指導体制によって豊臣政権は運営されることになった。

五大老五奉行制は、秀吉亡きあとに一人の大名が突出して秀頼を脅かすことを阻止するための秀吉苦心の策であった。五大老のなかでも、内大臣徳川家康と権大納言前田利家がとくに大きな権限を与えられ、秀吉死後は家康が伏見城に入って幼少の秀頼に代わって政務をとる一方、利家が大坂城に入って秀頼の傅役《もりやく》を務めることになっていた。

ところが、同年十一月末頃から家康は諸大名の屋敷を盛んに訪問し、多数派工作に動く。とくに重要なのは、家康の六男松平忠輝《ただてる》と、伊達政宗《だてまさむね》の長女五郎八姫《いろはひめ》との政略結婚

徳川家康

である（『伊達日記』）。

大名同士が勝手に縁組することは秀吉の遺命に反していた。これを「家康私婚問題」という。翌慶長四年正月十九日、大坂の前田利家や石田三成らは伏見の家康に詰問の使者を送った（『言経《ときつね》卿《きょう》記《き》』）。なお、三成らの家康追及が遅くなったのは、朝鮮出兵軍の撤収に際し彼らが動揺をきたさないよう秀吉の死が慶長三年末まで伏せられていたこと、また撤兵処理のために三成が畿内を離れていたからである。

家康は関東から兵を呼び寄せるなど強硬姿勢をとり（『義演《ぎえん》准后《じゅごう》日記』）、一触即発の事態となるが、二月十二日頃に家康とほかの四大老・五奉行が起請文を交換して一応の解決を見た（「毛利家文書」）。自分を除く四大老・五奉行のすべてが敵に回ったため、不利を悟った家康は謝罪して和解したのである。

前田家家臣の村井長明の覚書『亜《あ》相公《しょうこう》御《おん》夜話《やわ》』によると、詰問に対する家康の返答次第では、前田利家が豊臣秀頼の名代として家康を討つことも考えていたという。家康は逆賊として討伐される恐れすらあったのであり、家康は責任を取って隠居することすら口にしたという。

家康私婚問題の顚末《てんまつ》は、家康にとっては苦い経験となった。しかし、大老・奉行衆をまとめて敵に回した失敗を糧《かて》に、家康は大老・奉行の各個撃破へと舵を切り、反撃に転じることになる。

❖――七将襲撃事件

前田利家は病に侵されていたため、徳川家康との対決を避け、それ以上の追及は行なわなかった。家康は三月十一日に大坂に赴いて病床の利家を見舞い、両者の関係は改善に向かった（『当代記』）。

けれども、閏《うるう》三月三日に利家が死去すると、政局は一挙に動いた。いわゆる「七将襲撃事件」である。利家逝去の翌晩、大坂で加藤清正ら豊臣恩顧の武断派大名である「七将」が石田三成を討つべく挙兵したのだ。

なお近年、白峰旬《しらみねじゅん》・水野伍貴《ともき》両氏が、同時代史料の『義演准后日記』が「訴訟」と表現していることなどに注目し、右事件は七将が家康に三成の処罰を訴えたものであり、襲撃事件ではないとの説を唱えている。

けれども、当時の武士の「訴訟」はしばしば軍事的示威行動を伴うものであった。『三河物語』などによれば、七将は三成を切腹に追い込もうとしており、武力抜きの平和的嘆願で実現できるものではない。結果的に武力衝突が回避されただけで合戦になった可能性もある以上、通説どおり「襲撃事件」と呼んで差し支えないだろう。

七将決起の動機には、文禄・慶長の役における三成の作戦指導や論功行賞への不満が挙げられている(『看羊録《かんようろく》』)。だが、七将のなかには増田長盛を非難する者もあり(『厚《あ》狭《さ》毛利家文書』)、基本的には石田三成・増田長盛・長束正家《なつかまさいえ》ら奉行衆が豊臣政権の運営を主導しようとすることへの反発だろう。

そもそも、豊臣政権の吏僚にすぎない三成ら奉行衆が、自分たちと同格ないし格上の大名に命令を下せたのは、豊臣秀吉という絶対権力者の後ろ盾があったからである。秀吉亡きあと、いくら秀吉の遺命があるとはいえ、三成らが政権の中枢を担うという政治形態にもともと無理があった。

右の矛盾が、実力と声望を兼ね備えた前田利家の死によって一気に噴出したのである。自身の権力基盤の脆弱さに対する認識が三成には希薄だったように思える。

それにしても、豊臣政権の許可もなく豊臣秀頼のお膝元たる大坂で軍事行動を起こすのは、あまりに大胆すぎる。「謀叛」と受け取られて処罰されてもおかしくない。七将には挙兵しても咎《とが》められない確信があったのだろう。すなわち、七将は事前に家康の指令ないしは支持を受けていたと考えられるのである。しかし、三成は襲撃計画を事前に察知し、佐竹義宣《よしのぶ》の協力を得て大坂から伏見へと逃れた（『慶長見聞書』）。

従来、三成はあえて敵である家康の伏見屋敷に逃げ込むという奇策に出ることで、身の安全を図ったと理解され、小説やドラマなどでも好んで描かれてきた。しかし、笠谷《かさや》和比古《かずひこ》氏の研究によって、右が後世の俗説であることが明らかになった。

佐竹義宣が三成を大坂から伏見へと逃がしたあと、家康の屋敷に赴き、騒動の収拾を依頼したことを『日本戦史　関原役』が「三成を擁し伏見に還り家康に投ず」と表現したのが混乱の発端である。これを読んだ徳富蘇峰《とくとみそほう》は、三成が家康邸に逃げ込んだと誤解し、著書『近世日本国民史 家康時代 関原役』に「死中活を求めた」と書いてしまい、以後この理解が踏襲された。けれども笠谷氏が説くように、三成は実際には伏見城内の自邸「治部少丸《じぶしょうまる》」に立て籠もったのである。

関係史料を分析した光成準治《みつなりじゅんじ》氏は、治部少丸に入った三成の作戦を次のように推定する。増田長盛らが大坂城の豊臣秀頼を奉じ、大坂の喉元を押さえる交通の要衝である尼崎に陣を張った毛利輝元とともに西日本の諸大名を結集、伏見城内の三成がこれに呼応して徳川派を挟撃するというものである。

ところが、三成の目算はすぐさま狂った。大坂城を守る片桐且元《かたぎりかつもと》らが家康につき、徳川派が大坂城を掌握してしまったのである。軍事的に不利な三成・増田長盛・大谷吉継《よしつぐ》らが徳川方を圧倒するには、名目上の最高権力者である豊臣秀頼の支持が不可欠である。御輿である秀頼を家康に握られてしまった結果、上杉景勝も家康との縁組を図るなど、三成らの軍事動員に応じる大名はほとんどいない状況になってしまった。増田長盛が家康に接近するなど、奉行衆の結束も乱れ始めた（以上、「厚狭毛利家文書」）。

三成たちは抗戦を断念せざるを得なかった。家康が七将と三成のあいだに入り、事態の収拾に動くことになった。閏三月十日、三成は奉行職を辞任し、居城の近江佐和山城で謹慎することになった（『言経卿記』）。三成に味方した毛利輝元も起請文を交換し家康と和睦するが、輝元が「家康を父兄と思う」と記すなど（「毛利家文書」）、家康優位の形で決着したのであった。

❖――家康による政権掌握

反家康の急先鋒だった石田三成が慶長四年閏三月に失脚したことで、徳川家康は行動の自由を得た。家康は当時、伏見城外、宇治川対岸の向島《むかいじま》に屋敷を構えていたが、三成失脚後に伏見城に入城した。これを見た人びとは家康が「天下殿」になったと囁《ささや》いたという（『多聞院日記』）。

さて、前田利家の後任として大老に就いたのは、利家嫡男の利長である。利長は豊臣秀頼の傅役も引き継いで大坂城に入った。だが同年八月、利長は領国経営のため加賀に帰国してしまう。同時期に同じく五大老の上杉景勝も会津に帰国し、家康の専横を掣《せい》肘《ちゅう》しうる勢力が次々と畿内から去って行った。

九月、前田利長らによる家康暗殺計画の噂が流れ、家康は利長を討つべく諸大名に動員令を発した。利長は母芳春院《ほうしゅんいん》を江戸へ人質として送り、家康に屈服した。五奉行の一人である浅野長政も連座し、家督を長男の幸長に譲り隠居した。

この「加賀征伐」については、一次史料で裏付けることができず、最近では歴史学者の大西泰正《やすまさ》氏が軍事動員の事実はなかったという新説を唱えている。だがその大西氏も、徳川・前田両氏が緊張関係にあったこと、芳春院の江戸下向によって和睦したことは認めている。司馬の『関ヶ原』が記すように、家康が自ら密かに噂を流したかどうかはともかく、自身の権勢拡大のためにこの噂を最大限に利用したことは明白である。

九月初旬、伏見の徳川家康が大軍を率いて大坂に下向した。家康は五大老の一人である宇喜多秀家《うきたひでいえ》に対し、大坂から伏見への移動を要求した（「長府毛利家文書」）。秀家を豊臣政権中枢から排斥するための要求であり、家康の大坂入りが一種のクーデターであったことがわかる。

そして九月二十六日に秀吉の正室だった北政所《きたのまんどころ》ねねが大坂城西の丸から京都に移ると、十月一日、家康が入れ代わるように入城し（『義演准后日記』『慶長年中卜斎記《ぼくさいき》』）、豊臣秀頼の傅役の地位を実質的に獲得した。

家康を伏見に、秀頼を大坂に、という豊臣秀吉の遺命は家康への権力集中を避けることを目的にしていた。だが、家康が大坂城に入城して秀頼と一体化したことで、五大老五奉行制という集団指導体制は形骸化し、家康を頂点とする独裁体制が事実上成立したのである。

慶長四年末から翌年頭にかけて、五大老の一人・宇喜多秀家の家中で内紛が発生し（宇喜多騒動）、家康が豊臣政権を代表する形で裁定を行なっている。反秀家勢力の処分を故意に甘くし、反徳川派の一角であった宇喜多氏の弱体化を図ったのだ。

前田利長・浅野長政の謀叛疑惑、宇喜多騒動に対する家康の裁定に対し、唯一家康に異を唱えることができる立場にあった毛利輝元は沈黙を貫いた。もはや家康に逆らう者など天下に存在しないかに見えた。

✣——三成らの挙兵計画

続いて徳川家康は、五大老の一人である上杉景勝に謀叛の嫌疑をかけ、慶長五年（一六〇〇）五月末、会津征伐を決定した。六月十五日、家康は豊臣秀頼から軍資金を獲得し、会津征伐を豊臣政権の公戦と位置付けることに成功している。同月十八日、家康は伏見を発した。七月七日、諸将を江戸城で饗応《きようおう》し、同月二十一日を出陣の期日とした。

だが、家康が畿内から去ると、石田三成は打倒家康に動いた。後世に編纂された『慶長軍記』などによれば、七月十一日、三成は会津征伐に参加する予定の大谷吉継を佐和山城に招き、家康討伐戦への協力を求めた。吉継は無謀で勝ち目がないと諫《いさ》めたが、三成の決心が固いと知り、共闘を誓った。

翌日、増田長盛・長束正家・前田玄以《げんい》の大坂三奉行は、毛利氏の外交僧である安国寺《あんこくじ》恵瓊《えけい》を通じて、毛利輝元に上坂《じようはん》を要請した。毛利輝元は大軍を率いて七月十五日に広島を発ち（以上、「松井家文書」）、十七日に輝元の養嗣子で大坂に残留していた秀元が家康の留守居を排除し大坂城西ノ丸に入った（『義演准后日記』）。三成・輝元ら（以下、西軍と呼ぶ）は豊臣秀頼を確保することでクーデターを正当化したのである。

しかしながら、三成と大谷吉継との友情から関ヶ原の戦いは始まった、という展開はいささか出来すぎに思える。吉継が三成を諫めたという話は江戸時代成立の二次史料にしか見えない。しかも、三成が吉継に挙兵を打ち明けてから六日後には大坂城を占拠したというのは、手回しが良すぎる。七月十一日の三成・吉継会談がクーデターの始点という記述は事実ではなく、後世の創作ではないだろうか。

光成氏は、七月五日に宇喜多秀家が豊国神社を参詣しているのは（『舜旧記《しゅんきゅうき》』）、会津征伐の戦勝祈願ではなく対家康戦争の戦勝祈願ではないかと推測している。これに従えば、毛利輝元（安国寺恵瓊）・宇喜多秀家・石田三成・大谷吉継の四者は、七月頭には家康討伐計画について連絡を取り合っていたと考えられよう。水野氏も、三成は輝元・秀家という大大名の協力を得て、初めて挙兵計画を始動させたと論じている。

❖——大坂三奉行を抱き込む

七月十二日、大坂城の留守を預かっていた増田長盛は、石田三成と大谷吉継の不穏な動きについて徳川家康に報告している（『慶長年中卜斎記』）。また、日時は不明ながら、おそらくその直後に増田長盛・長束正家・前田玄以の三奉行が淀殿・前田利長とともに、家康に大坂への帰還を要請している（後述）。司馬の『関ヶ原』は、西軍敗北の可能性を大坂三奉行が考慮し、家康に恩を売っておくという保険をかけた、と解釈している。この二股説は一般にもかなり浸透しているため、増田長盛らの評判はえらく悪い。

だが、増田長盛ら三奉行が三成らの謀議に参加していて、かつ家康の歓心を買おうとしていたのなら、毛利輝元の西軍参加も伝えるはずである。輝元が参加しているかどうかでクーデターの規模や成功確率が大きく変わってくるので、最も重要な情報と言える。その情報を故意に伏せたのであれば、家康への忠義にはならない。

とすると、笠谷氏や光成氏が主張するように、三奉行は当初、三成と共謀しておらず、ゆえに毛利輝元の参加を知らなかった、と捉えるのが妥当である。三奉行による輝元への上坂要請についても、通説では西軍総大将への就任要請と解釈されてきたが、笠谷氏が指摘するように、三成決起の風説に伴う畿内情勢の不安定化を解消するために輝元を必要としたとも解される。三奉行はこの時点では、大老である家康ないし輝元の力を借りて三成らを押さえ込もうと考えていたのではないだろうか。

三成にとって三奉行との連携は、クーデターを正当化するうえで不可欠の要素だが、彼らには腰が定まらないところがあるのが悩みの種であった。七将襲撃事件でも三成を助けようとしていないし、三成失脚後は家康の言いなりになっていた。挙兵をもちかけても、家康に通報される恐れがある。

そこで三成は、毛利輝元・宇喜多秀家を口説き、彼らの軍事力で大坂城を占拠し、なし崩し的に三奉行を西軍に組み入れようとしたのではないだろうか。風見鶏の三奉行を味方につけるには、家康がそうしたように武力で威圧するのが最善だからである。

三成・大谷吉継の蠢動《しゅんどう》を鎮めるために大坂に招き寄せた毛利輝元が、じつは三成と通じていたと知った増田長盛らは驚愕したことだろう。長盛が以後の反家康闘争において消極的な姿勢に終始したのは、無理矢理参加させられたという不満があったからと考えられる。

近年、乃至政彦《ないしまさひこ》・高橋陽介両氏らが、西軍の首謀者は毛利輝元であり、三成はむしろ巻き込まれたのだという新説を唱えている。だが、クーデターで最も利益を得るのが謹慎中の三成である以上、首謀者から外すのは不自然であろう。仮に三成が失脚していたうえに途中から参加したのだとすると、なぜ西軍首脳部に入ることができるのだろうか。

実際、東軍の細川忠興が七月二十一日付で国元の家老たちに送った書状には「石治部(三成)・輝元」が相談して謀叛を起こした、と記されている(「松井家文書」)。忠興は三成を首謀者と見なしていたのである。三成は挙兵を立案、主導することで復権し、西軍の中心人物に躍り出たのである。

❖――「内府ちがいの条々」

毛利秀元が大坂城に入った慶長五年七月十七日、西軍は増田長盛・長束正家・前田玄以の名で十三カ条に及ぶ家康弾劾状を諸大名に発送した。これが有名な「内府《だいふ》ちがいの条々」である。

第一条では、慶長三年九月に起請文を交わして五大老・五奉行の結束を誓ったにもかかわらず、徳川家康がその誓いを破り、五奉行の石田三成・浅野長政を追い落としたことを非難している。

第二条では、謀叛の嫌疑をかけられた大老の前田利長が身の潔白を示すため起請文を提出したにもかかわらず、なおも追い詰め、芳春院を人質に取ったことを批判している。

第三条では会津征伐の不当性を論じている。要するに最初の三カ条で、西軍は家康が同僚である四大老五奉行を意図的・計画的に排除して独裁体制を築いたと告発しているのだ。

第四条では、豊臣秀頼成人までは大名への知行《ちぎょう》加増は行なわないという取り決めに背き、勝手に諸大名に知行を与えたことを責めている。

第五条では、豊臣秀吉が定めた伏見城の留守居を追い出し、家康の家臣を入れたことを糾弾している。

第六条では、慶長三年九月に五大老・五奉行はそのほかの大名と起請文を交わして派閥形成を行なわないと誓い合ったのに、家康がこの取り決めを破って多数派工作をしていることを論難している。

第七条では、北政所を大坂城西ノ丸から追い出して自分が入ったこと、第八条では西ノ丸に本丸と同じように天守閣を建てたことを家康の思い上がりとして非難している。

第九条では、諸大名の妻子は人質として大坂に居住することになっているのに、家康が自分と親しい大名の妻子を独断で帰国させたこと、第十条では家康が私婚問題でいったん謝罪したにもかかわらず、三成の失脚後に縁組を再開したことを弾劾している。

このように、「内府ちがいの条々」は豊臣秀吉時代の法令・政策や秀吉の遺命に反する家康の行為を列挙することで、家康に秀頼後見人としての資格がないことを主張しているのである。

第十一条では、家康が若い大名たちをそそのかして徒党を組ませたことを批判しているが、これは七将襲撃事件のことを指しているのだろう。

第十二条は、五大老全員の連名で命令を出すべきなのに、家康が一人で命令を下している家康独裁への批判である。

第十三条は、源氏の氏神である石清水八幡宮《いわしみずはちまんぐう》の検地を免除したことが挙げられている。矢部健太郎氏が推定するように、石清水八幡宮をことさらに保護するのは天下への野心があるから（徳川氏は新田源氏を称していた）、と西軍首脳部は判断したのだろう。

そして最後に、会津出兵の不当性をあらためて指弾して徳川家康討伐を宣言、「秀頼様」のために我らに味方せよ、と結んでいる。

同日付で毛利輝元・宇喜多秀家は連名で前田利長に対し書状を送り、家康の専横を非難している（後述）。失脚した石田三成・前田利長・浅野長政、会津征伐の当事者である徳川家康・上杉景勝を除く、大老・奉行衆が結束して家康を弾劾した事実は重い。

しかも家康が豊臣政権の取り決めを次々と破っていることは客観的事実であり、そのことを的確に指摘している「内府ちがいの条々」には説得力があった。このような理路整然とした文章を書ける者は限られる。文面の作成には三成が大きく関与したと考えられる。

豊臣秀頼を確保した西軍が「会津征伐は徳川家康の私戦である」と宣言したことで、家康が上杉景勝退治の大義名分とした「豊臣秀頼の支持」は失われた。討伐軍は豊臣〝正規軍〟の座から転落し、家康は窮地に陥ったのである。

家康の虚を衝いた挙兵

さて、徳川家康は七月二十一日に江戸を発ち、会津征伐に向かった。先に触れた七月二十一日細川忠興書状を見るかぎり、家康はその前後に毛利輝元の西軍参加の報に接したと思われる。家康が諸将に西上を命じたのは二十六日であるから、輝元参戦という情報を当初疑い、会津征伐を継続するつもりだったのだろう。

会津征伐については、家康の真の目的は上杉景勝打倒ではなく、畿内をあえて空けることで三成ら反家康勢力を決起させ、一網打尽にすることにあった、という説がある。司馬の『関ヶ原』もこの説に沿っているが、家康勝利という結果から逆算した陰謀論にすぎない。

水野氏が指摘するように、佐和山引退以後の三成は家康に協力的な姿勢を示していた。これは来るべき挙兵に備えて、家康の警戒を解いておくためであろう。そして実際、家康は油断したのである。

七月二十三日に家康は最上義光《もがみよしあき》に対し会津征伐の中止を伝えているが、その理由として「石田三成・大谷吉継が謀叛を起こしたと三奉行から連絡があった」ことを挙げ、三奉行の書状の写を添えている。この書状で家康は西上作戦については言及しておらず、「また連絡する」とだけ述べている（『譜牒余録《ふちょうよろく》』）。

家康は上方（京・大坂周辺）の情勢をはっきりとつかめていないため、いったん行軍を中止して情報収集に努めていたのだろう。既述のとおり、西上が正式に決定したのは七月二十六日である。毛利輝元の西軍参加が確実とわかり、家康は会津討伐を完全に断念したと考えられる。

しかし、西上決定段階でも家康は三奉行の西軍参加を認識していなかったようだ。二十七日に家康重臣の榊原康政《さかきばらやすまさ》が出羽《でわ》（現在の秋田県）の秋田実季《さねすえ》に宛てた書状では「石田三成・大谷吉継の謀叛を鎮定するよう、淀殿・三奉行・前田利長から要請があったので会津征伐を中止し上洛する」と説明している（『譜牒余録』）。

現存する家康書状から判断するかぎり、家康が三奉行の離反を認識したのは七月二十九日の時点である（七月二十九日黒田長政宛て徳川家康書状、「黒田家文書」）。このときに、家康は「内府ちがいの条々」がばらまかれていることを把握したのだ。

家康にとって上方での大規模蜂起が想定外だったことは、八月五日に江戸に戻った家康が八月末まで江戸にとどまった事実が何よりも雄弁に物語っている。八月中の家康は、東に上杉景勝・佐竹義宣、西に石田三成・毛利輝元らを敵として抱えていた。家康が西上した場合、景勝らが関東平野に侵攻してくる恐れがあったので、景勝らの意図を見極めるまでは動くに動けなかったのである。実際、家康嫡子の秀忠は対上杉の前線基地である宇都宮城に入り、上杉勢の進出を阻止するために、宇都宮城をはじめとする関東諸城の改修を行なっている。

しかも、大坂奉行衆が西軍につき、家康を糾弾する檄文《げきぶん》「内府ちがいの条々」が諸大名に発送された以上、福島正則以下の豊臣系大名は家康にとって信を置ける存在ではなくなった。豊臣系大名のうち、明確な親家康派は池田輝政、黒田長政、細川忠興、藤堂《とうどう》高虎《たかとら》など少数派にすぎなかった。もしも西軍が豊臣秀頼を擁して東進してきたならば、豊臣系大名の大半は家康から離れてしまう公算が高い。

客観的に見れば、西軍の大坂城占拠と「内府ちがいの条々」によって、家康は危機に陥ったと言える。家康が意図的に三成らを挙兵させたと考えるのには無理がある。この意味で、三成らの挙兵は家康の虚《きょ》を衝いたものであり、作戦を立案し主導したと思われる三成の手腕は正当に評価されるべきである。

❖──西軍はなぜ決起したか

では、三成らはなぜ武装蜂起したのか。もちろんタテマエ、大義名分としては「（豊臣）秀頼様への忠義のため、逆臣家康を討つ」ということになるが、ホンネは別のところにある。

まず三成であるが、挙兵から一カ月後には、増田長盛らとともに豊臣政権を代表するかたちで諸方に命令を下している（『古今消息集』など）。このことから、失脚していた三成は、西軍クーデターを契機として豊臣家奉行衆に復帰していることがわかる。豊臣政権中枢に返り咲くことが三成決起の目的だったと考えられる。

ついで三成の誘いに、五大老の毛利輝元・宇喜多秀家が応じたのはなぜか。この点については「内府ちがいの条々」が発出されたのと同日の慶長五年（一六〇〇）七月十七日に出された、前田利長宛ての輝元・秀家書状が明らかにしてくれる（『武家事紀』）。

同書状で輝元・秀家は、五大老・五奉行が一人ずつ失脚している現状を座視していれば、秀頼様の立場が危うい、と利長に訴えている。輝元・秀家は、前田利長・上杉景勝という五大老の同僚が、加賀征伐・会津征伐という形で、続けざまに家康の標的とされている現実に直面していた。当然、輝元らには、次は自分が狙われるのではないかという疑念があったと思われる。

家康は、同僚である五大老・五奉行を一人ひとり追い落とし、独裁体制を築きつつあった。「内府ちがいの条々」はこの家康の策謀を強く批判している。したがって西軍首脳部の決起の目的は、家康独裁体制を否定し、大老・奉行衆による集団指導体制を復活させることにあったと言える。そしてそれは、輝元・秀家・三成が豊臣政権中枢に復帰することと同義である。

一方で増田長盛・長束正家・前田玄以の三奉行は、家康独裁体制を支える吏僚として家康から重用されており、積極的に家康に反逆する動機を有していなかった。三成らが上方を軍事制圧したため、その流れに逆らわず同調したにすぎない。この温度差が、西軍の足並みの乱れにつながっていく。

✣——西軍の上方制圧

石田三成ら西軍はたちまちのうちに上方を制圧した。来日したイエズス会宣教師がローマの本部に提出した日本年報などをまとめた『十六・七世紀イエズス会日本報告集』（松田毅一監訳、同朋舎出版）には、以下のような記述がある。

「（三成らの決起により）日本のほとんどすべての諸侯の間に、内府様に背反する同盟が結成された。重立った奉行、および大坂にいた三名の奉行も彼らと合流し、彼らと一致団結し、内府様に敵対する立場を明らかにして内府様を政治から放逐した」

「内府様に背反する同盟が露顕すると、日本国中の諸侯のほとんどがそれに加わっていたので、多数の諸侯はただちに軍兵を率いて大坂の政庁に集結した。その数はわずかの間に十万を超えた。天下すなわち君主国を構成する主要な国々のうち、内府様側に留まるのは都の伏見城のみであった」(「一五九九〜一六〇一年、日本諸国紀」)

「諸侯のほとんど」という表現からはイエズス会関係史料特有の誇張がうかがえるにせよ、近江国より西に所領をもつ諸大名の多くが西軍に与したことは、日本側史料からも確認できる。それらによれば、西軍についた大名は約一〇〇人である。むろんそのすべてが大坂に駆けつけたわけではないが、一〇万を超える兵力を動員することに三成らが成功したとしても不思議ではない。

実際、西日本の多くの地域は西軍の支配下に入った。東軍への加担を明確に示して、西軍に敵対した大名は四国・九州などに点在する程度であった。

ただし、西軍参加諸将が必ずしも三成らの主張に賛同していたわけではない点には注意が必要である。三成の兄である石田正澄《まさずみ》が、近江の愛知《えち》川に関所を設けて会津征伐に従軍するため関東に下ろうとする諸将を足止めした。この結果、鍋島勝茂《かつしげ》など親家康派の大名も、便宜的に西軍に加わらざるを得なかったのである。

西軍に軍事制圧された上方周辺に駐屯していた諸将は、西軍に形のうえでは協力する姿勢を示しつつも、上方の情勢を報告するとともに忠誠を誓い、家康とのつながりを保とうとした。いわば西軍と東軍を両天秤にかけたのである。西軍はその見かけ上の規模とは裏腹に、内実は脆弱であった。

✣――三成、最初の誤算

先に見たように、石田三成の徳川家康打倒の企ては挙兵、大坂城占拠、「内府ちがいの条々」の発送までは思惑どおりに進んだ。ところが、その直後から計算は狂い出す。

三成最初の誤算は、「内府ちがいの条々」が思ったほどの効果をもたらさなかったことである。

三成らの「内府ちがいの条々」は、西日本の諸大名の積極的な西軍参加を促すとともに、家康率いる会津征伐軍に参加した諸将の離反を煽《あお》ることを目的としていた。けれども、西日本の諸大名は表面上、西軍に従ったにすぎず、遠隔地にいる大名の多くは傍観するか、家康に通じた。積極的な協力姿勢を示したのは立花宗茂《むねしげ》、長宗我部盛親《もりちか》などごく少数にとどまった。会津征伐軍からの離反者も真田《さなだ》昌幸《まさゆき》などわずかだった。

佐和山で謹慎していた三成の想像よりも、家康の独裁権力は強靭であった。「内府ちがいの条々」によって正当性を剥奪したにもかかわらず、最大の実力者である家康に諸大名がなびく趨勢《すうせい》を逆転させることはできなかったのだ。

とくに、家康の老臣・鳥居《とりい》元忠《もとただ》が立て籠もる伏見城の攻略に半月を要したことは、西軍の先行きに暗い影を落とした。守備隊が二〇〇〇人に満たない伏見城を攻めあぐねたことは、西軍の威信を低下させたのである。

会津征伐に向かっていた家康が、西軍の決起を知って反転してくるであろうことは、三成らも当然予期していた。よって、家康の西上阻止が西軍の基本戦略であった。西軍の防衛戦略を知るうえで参考になるのが前出の『十六・七世紀イエズス会日本報告集』である。左に該当箇所を掲げる。

「日本国全土は（東西）二軍に分かれた内戦によって燃え上がったが、その一方（西軍）は九名からなる国家の奉行たちが指揮し、他に大勢の諸侯がいた。もう一方の軍勢（東軍）の大将は内府様（家康）であったが、彼は己が領国である関東に留まって、奉行の一人であった（上杉）景勝と戦さをしていた。奉行側に味方していた者たちは、都へ通じるすべての街道を封鎖することを考え、こうすることによって軍勢を率いて都へ帰ろうとする敵の望みを奪おうとした。彼らはこの計画を実行するために、伊勢と美濃の国に己が最大の軍勢を集結させた」（「一六〇〇年度年報補遺」）

「諸奉行の軍勢は、尾張の国を奪取することを企て、それに隣接する内府様側の伊勢、美濃両国に進攻しつつあった」（「一五九九〜一六〇一年、日本諸国紀」）

すなわち、西軍は伊勢・美濃を防衛ラインと考えていたが、できれば尾張にまで進出し、そこで家康ら東軍を迎撃するつもりであった。このことは、伏見城を攻め落としてから数日後の八月五日に、三成が信濃の真田昌幸に送った書状からも裏付けられる（真田昌幸・信幸・信繁宛て石田三成書状、「真田家文書」）。三成は昌幸に対し、美濃岐阜城主の織田秀信（信長の孫）と協議して尾張に出兵したことを報告している。また、東軍の福島正則を説得中であり、もし正則を取り込めたら三河に出陣し、説得に失敗したら正則の居城である尾張清須城を攻めるという方針を伝えている。

この書状で興味深いのは、三成が福島正則を寝返らせることができると考えていた点である。小説やドラマの影響もあって、正則は反三成の急先鋒と見られがちだが、実際にはそこまで両者の関係は悪くなかったのだろう。秀頼への忠義をもち出せば、豊臣恩顧の正則を翻意させられる、と三成はにらんでいたのである。

だが、三成の見通しは甘かった。周知のように、正則は家康に忠誠を誓い、清須城は東軍の最前線基地として機能した。尾張が東軍の勢力圏に入ったことで、三成の戦略は大きな修正を迫られた。

❖――岐阜城陥落と毛利輝元の思惑

石田三成の戦略の全貌は、三成が真田昌幸に与えた前掲の書簡に添えた「備之人数書」によって知ることができる。それによれば、西軍は尾張に進撃するため、全軍を伊勢口・美濃口・北国口の三方面に分け、主力約八万を伊勢口に割く計画だった。西軍が伊勢攻略を最優先したのは、当時、伊勢路が東海道の本道であり、東軍の西上作戦の主要ルートとなる確率が高かったからである。だが実際には、後述のように東軍は美濃路を選択した。この点も読み違えである。

三成は美濃方面の担当で、八月十日以前に、近江佐和山城から美濃大垣城に移っている（八月十日真田昌幸・信繁宛て石田三成書状、「浅野家文書」）。この時期、三成は真田昌幸ら遠隔の西軍大名に書状を送っているが、それらによれば尾張・三河国境で家康を迎え撃つことを三成は諦めていなかった。だが東軍の軍事行動は予想以上に活発で、三成は美濃・尾張国境の木曽川まで防衛ラインを後退させざるを得なかった（「曼荼羅寺文書《まんだらじ》」）。

ところが清須城に集結していた東軍の福島正則・池田輝政らが八月二十三日、西軍の岐阜城を攻略した。難攻不落を謳《うた》われた天下の名城がわずか一日で陥落したことは、大垣城の三成らを驚愕させたであろう。岐阜城の救援に遅れをとった三成の失態は明白である。三成の東軍迎撃戦略はまたも挫折した。

さて、岐阜城攻略の報を受けた家康は九月一日、本拠地の江戸を発ち、東海道を西に進んだ。家康は九月十四日には美濃国の赤坂（現在の岐阜県大垣市赤坂町）に到着し東軍諸将と合流、同地の岡山に本陣を置いた。大垣城の西軍諸将は家康の突然の出現に動揺したという。

岐阜城陥落を受けて、三成は大坂の毛利輝元に出陣を要請したと考えられる。しかし、輝元は動かなかった。そもそも大坂入城後の輝元の動向には疑問符がつく。当初の計画では、輝元自身が伊勢方面に出陣する予定だったが大坂城を動かず、吉川広家・安国寺恵瓊らを伊勢に派遣した。だが伊勢方面の諸大名の抵抗は思いのほか激しく、輝元

1600年、関ヶ原の戦いまでの流れ

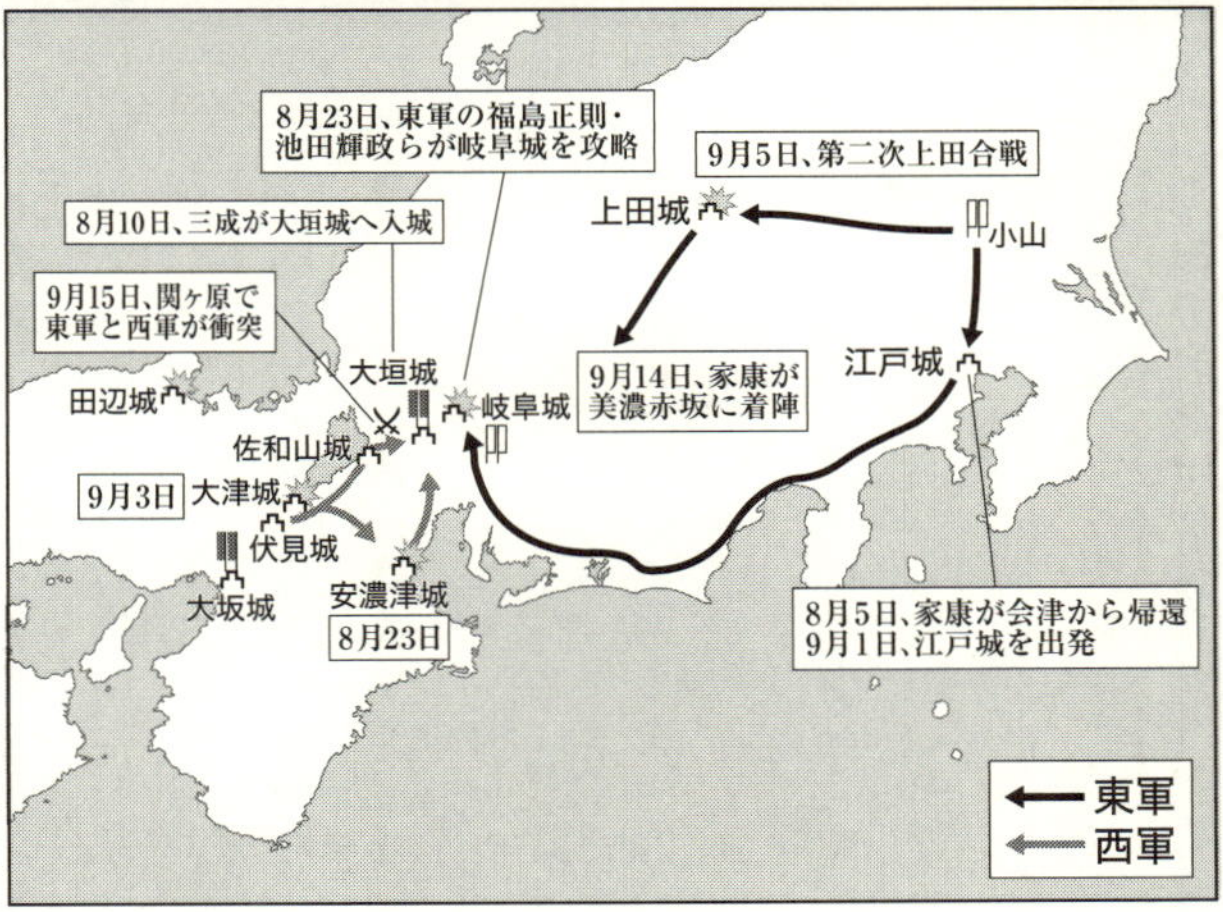

は毛利秀元を援軍に送っている。

輝元自身が大軍を率いて出陣していれば、伊勢平定は早まった可能性がある。その場合は東軍による岐阜城攻略を阻止できていただろう。大坂城を動かず静観の構えを取った輝元には優柔不断の凡将とのレッテルが貼られてきた。

けれども光成準治氏が注目したように、一方で輝元は四国・九州に出兵し、領土拡大を図った。輝元には野心と打算があり、決してお飾りの大将ではなかった。ただ、毛利氏の兵力分散が、西上する家康軍への備えを困難にした点は否めない。

輝元が大坂城を離れなかったのは、大坂

城にいた増田長盛ら奉行衆と主導権争いをしていたからだと推定される。出陣すれば、豊臣秀頼を擁する奉行衆が政権中枢を掌握してしまう。

さらに輝元には、家康との決戦を避けて自らの兵力をなるべく温存し、三成らと家康をぶつけて漁夫の利を狙う思惑もあっただろう。前線に出動していた三成は、輝元と奉行衆の関係を調整し、輝元を出馬させる術をもっていなかった。

家康は九月十四日の夜、諸将を集めて軍議を開いた。正徳《しょうとく》三年（一七一三）に成立した宮川忍斎《にんさい》の『関原軍記大成』によれば、池田輝政・井伊直政は大垣城攻略を主張したが、福島正則・本多忠勝はこのまま西上し、大坂城に立て籠もる西軍総大将の毛利輝元と一戦交えるべきだと説いた。

家康は大垣城攻めをすれば時間を費やすこと、小早川秀秋や吉川広家が内応を約束していることなどを考慮して、大垣城を素通りしてただちに西進し、三成の居城である佐和山城を落とし、さらに大坂まで進撃することにした。これは西軍の本拠を一気に衝く策だが、家康はあえて作戦を秘匿せず、東軍が上方に向かうという情報を流した、と戦前以来考えられてきた。家康の真の目的は、西軍を大垣城外に誘い出し、得意の野戦にもち込むことにあったというのだ。

はたして、西軍は動いた。美濃と近江の国境に全軍を進め、近江への街道を封鎖することで東軍を阻止する作戦に出たのである。大垣城には福原長堯《ながたか》らを残し、西軍の諸隊は石田隊を先頭に、夜陰のなかを行軍し、南宮山《なんぐうさん》の南を迂回して関ヶ原に全軍を展開した。

結果論ではあるが、三成らが大垣城を出たのは失敗であった。関ヶ原合戦の当日、毛利元康・小早川秀包《ひでかね》・立花宗茂ら一万五〇〇〇人の西軍が近江大津城を攻略した。三成が家康との決戦を急がなければ、大津城と大垣城で家康ら東軍を挟撃する態勢を取れたであろう。前方に毛利元康ら、後方に三成ら、という腹背に敵を抱える形になった家康は窮地に陥ったに違いない。

✣——両軍の布陣

さて、最初に関ヶ原に到着した石田三成は、北国街道を押さえる笹尾山に陣を敷いた。ついで島津義弘がその南で北国街道沿いの小池村辺りに、小西行長がその南の北天満山、宇喜多秀家がさらに南の南天満山に布陣した。

もう一つの近江に至る街道である、のちの中山道を扼《やく》する山中村辺りは、北国攻めから戻ってきた大谷吉継らの部隊がすでに占拠していた。さらに南の松尾山には、小早川秀秋の部隊が入っていた。南宮山には毛利勢が従前より布陣していた。『日本戦史　関原役』によれば、西軍の総兵力は七万九〇〇〇人であったという。

西軍が大垣城を出たことを知ると、徳川家康は進軍を開始した。十五日寅の刻（午前三時頃）のことである。東軍の諸隊も相次いで関ヶ原へと向かった。明け方、東軍は関ヶ原に到着し、西軍に対して東方に布陣した。

東軍の数は七万人ほどとされる。兵力はほぼ互角であるが、後方の東を大垣城の西軍に、前方の西を西軍主力に、南を南宮山の毛利勢に、北を山に包囲された東軍は傍目には圧倒的に不利だった。

しかし実際には松尾山の小早川秀秋や南宮山の吉川広家（毛利勢の先鋒）が東軍に通じており、包囲網は穴だらけだった。三成ら西軍は東軍の先回りをして万全の布陣を整えたつもりだったが、すでに家康の術中にはまっていたのである。

❖「問鉄砲」という通説

通説によれば、九月十五日の午前八時ごろ、まだ霧が立ち込めるなか、合戦は始まった。東軍先鋒の福島正則隊の横をすりぬけて、徳川家重臣の井伊直政が娘婿で家康四男の松平忠吉と共に最前線に出て、西軍の宇喜多秀家隊に鉄砲を撃ちかけて合戦の火ぶたを切ったという（井伊直政らの抜け駆けは後世の創作との説もある）。

両軍は一進一退の攻防を繰り広げた。西軍宇喜多隊と東軍福島隊との戦い、西軍石田隊と東軍諸隊との戦闘はとくに激しかった。三成は松尾山の小早川隊と、南宮山の毛利諸隊に参戦を促したが、東軍に通じていた両者はともに動かなかった。

一方、裏切りを約束した小早川秀秋がいつまでも動かないのを見た家康は、右手の指の爪をしきりに噛《か》んで「せがれめにはかられた」とつぶやいたという。小早川隊が形勢を観望しているため、関ヶ原の西端で展開されている戦闘は膠着状態に陥ってしまった。

業《ごう》を煮《に》やした家康は正午過ぎ、小早川隊に向けて、旗幟《きし》鮮明《せんめい》を求める挑発の鉄砲を撃ちかけた。いわゆる「問鉄砲《といでっぽう》」である。逆上した小早川隊が東軍に襲いかかってくる可能性もあったから、危険な賭けである。

だが、この冒険策は図に当たった。若く戦場経験の浅い秀秋は恐慌をきたし、西軍攻撃を指示した。かくて一万人を超える大軍が松尾山を下り、西軍最右翼の大谷吉継隊めがけて突入した。

吉継は、秀秋の異心を見抜いていたため、かねてから備えていた六〇〇の精兵をもって防ぎ、西軍の平塚為広《ためひろ》・戸田重政《しげまさ》隊も小早川隊の側面を突いた。小早川隊は思わぬ反撃に二度三度と松尾山に押し戻された。

ところが東軍藤堂高虎の合図に従って、事前に内応を約束していた脇坂安治《わきさかやすはる》・朽木元綱・小川祐忠《すけただ》・赤座直保《あかざなおやす》の四隊が一斉に離反して西軍に攻めかかった。さしもの大谷隊らもこれには支えきれず壊滅、吉継は自害した。

小早川隊の参戦を見た家康は、全軍に総攻撃を命じた。小早川隊の裏切りと東軍総攻撃によって、西軍は総崩れとなった。大谷隊の壊滅でまず小西隊が崩れ、宇喜多隊も潰《つい》えた。小西行長・宇喜多秀家は戦場から離脱した。石田隊は最後まで抗戦したもののついに崩され、三成は伊吹山方面へと逃走した。かくして天下分け目の戦いは、東軍の圧勝という形で幕を閉じた——。これが巷間《こうかん》伝えられる関ヶ原合戦の概要である。

✣——「問鉄砲」はなかった

以上で示した関ヶ原合戦の通説的叙述は、旧日本陸軍参謀本部が編纂した『日本戦史　関原役』（一八九三年）、『近世日本国民史　家康時代上巻』（一九二三年）などに拠った。これらの文献が主な典拠としたのは、『関原軍記大成』に代表される江戸時代の関ヶ原軍記である。

ところが近年、白峰旬氏が、従来の関ヶ原合戦像を根底から覆す新説を発表した。白峰氏は精力的に関ヶ原関係の論文・書籍を発表しているが、氏の関ヶ原論で最も重要なものは、「問鉄砲」の否定であろう。

白峰氏は史料を博捜《はくそう》し、関ヶ原合戦直後の史料や江戸時代前期に成立した編纂物には「問鉄砲」の記述がないことを明らかにした。白峰氏によれば、「問鉄砲」の初出は元禄元年（一六八八）成立の『黒田家譜』だという。

白峰氏の新説提唱後、学界で研究が進展し、現在確認されている「問鉄砲」の初出史料は植木悦《えつ》が著した軍記物『慶長軍記』である。同書は寛文《かんぶん》三年（一六六三）に成立しているので、『黒田家譜』よりは二十年以上古いが、それでも関ヶ原合戦から半世紀以上を経ている。一連の研究により、「問鉄砲」が後世の創作であることはほぼ確定したと言える。なお最近、笠谷和比古氏が「問鉄砲」は実在した、と主張して新説を批判した。けれども拙著『武士とは何か』（新潮選書）、『動乱の日本戦国史』（朝日新書）で詳論したように、笠谷説には従えない。

✣――小早川秀秋は即座に裏切った

では「問鉄砲」が原因でないとしたら、小早川秀秋はなぜ西軍を裏切ったのか。白峰氏は、そもそも秀秋は裏切りを逡巡《しゅんじゅん》しておらず、開戦直後に寝返ったと主張している。その根拠となる一次史料として「(慶長五年)九月十七日付松平家乗《いえのり》宛石川康通《やすみち》・彦坂元正《ひこさかもとまさ》連署書状写」(「堀文書」)を挙げる。松平家乗は家康の家臣で(一門衆)、関ヶ原合戦当時は三河国の吉田城(現在の愛知県豊橋市今橋町)の守備を担当していた。石川康通・彦坂元正はこれまた家康の家臣で、当時関ヶ原に近い清須城を守っていた。要するに、前線に近い石川と彦坂が関ヶ原合戦の結果を後方の松平家乗に伝達したのである。

同史料には、「十五日の巳の刻(午前十時頃)、関ヶ原で一戦及ぼうとして、石田三成・島津義弘・小西行長・宇喜多秀家が関ヶ原に移動した。東軍は井伊直政・福島正則を先鋒としてその他の部隊を後に続けて、西軍の陣地に攻め込んで戦いが始まったとき、小早川秀秋、脇坂安治、小川祐忠・祐滋《すけしげ》父子の四人が(家康に)御味方して、裏切りをしたので、西軍は敗北した」という記述がある。これに従えば、開戦まもなく秀秋らは裏切ったことになる。

その後、白峰氏は根拠となる史料を追加して、主張を補強している。「(慶長五年九月十七日)吉川広家自筆書状案」(『大日本古文書　吉川家文書之二』九一三号)には、「(東軍が西軍を）即座に乗り崩され、悉《ことごと》く討ち果たされ候」「内府様（家康）直に山中へは押し寄せられ合戦に及ばれ、即時に討ち果たされ候」とあり、このことからやはり開戦直後に東軍の勝利が決まったと説く。「山中」とは従来戦場と考えられていた平坦な「関ヶ原」の西の山地である。

白峰氏は「山中エリアに布陣していた石田方の主力諸将は、一方的に家康方の軍勢に攻め込まれて『即時』に敗北したのが事実であった。従来の通説では、合戦当日（九月十五日）の午前中は一進一退の攻防であり石田方の諸将は善戦したとされてきたが、このように主力諸将は関ヶ原に打って出て家康方の軍勢と華々しく戦ったわけではなかった」と論じている。

加えて（慶長五年）九月二十日近衛信尹《このえのぶただ》宛近衛前久《さきひさ》書状（「陽明文庫」）も、前久は関ヶ原合戦について、東軍が「即時」に切り立てて「大利（大勝利）」を得たと伝える。東軍関係者以外の同時代人が伝える戦況情報という点で軽視できない。

同書状では秀秋の裏切りにも言及しているが、秀秋の裏切りによって大谷吉継が討たれたとのみ記しており、秀秋の逡巡や「問鉄砲」、吉継の善戦については語っていない。通説が語る関ヶ原合戦の展開は後世の創作である、と白峰氏は結論づけている。

さて笠谷氏は、秀秋が開戦直後に裏切り、東軍が危うげなく圧勝したという白峰氏の見解に対しても批判を加えている。

しかしながら、これまた拙著『動乱の日本戦国史』で詳論したように、笠谷氏の批判は有効ではなく、白峰説が正しいと考える。三成は開戦の時点ですでに敗れていたのである。

✣――三成はなぜ敗れたか

関ヶ原合戦で西軍はなぜ敗れたのか。いままで見てきたように、石田三成は豊臣秀頼の権威を過大評価し、情勢を楽観視していた。だが現実には多くの大名は、名目上の主君である秀頼への忠義よりも、絶大な実力者である徳川家康への追従を優先したのだ。

しかしながら根本的には、西軍という組織が意思決定に深刻な問題を抱えていたことが最大の要因であろう。家康を頂点とする指揮命令系統が明確であった東軍に比して、西軍においては最終的な決断を下す者を誰にするかという点で合意が形成できておらず、意見がまとまらない組織になってしまっていた。

対徳川家康クーデターを立案し口火を切ったのは、かつて豊臣秀吉の側近として辣腕を振るった三成だったが、佐和山一九万石の大名にすぎない三成が西軍を単独で統率することは不可能だった。西軍総大将の毛利輝元は、大名としての家格・実力に関しては申し分ないものの、豊臣家との関係は希薄で、秀頼を後見して豊臣政権を代表する顔としては不十分だった。そこで三成と輝元は互いの欠点を補うため、二頭体制的な形で政権を運営した。

白峰氏は西軍を「石田・毛利連合政権」と評したが、そのような歪《いびつ》な権力構造こそが西軍の最大の弱点であった。結果的に、西軍は意思決定に多大な時間を要することになり、家康の機敏な動きに対してつねに後手に回った。

三成は右の弱点を深く認識していなかったように見える。豊臣秀吉の鶴の一声ですべてが迅速に進む環境に慣れていたためであろう。三成は、豊臣政権という確固たる組織があるときは、十二分に活躍できた。豊臣秀吉というワンマン社長に仕える優秀な部下だった。だが、西軍という新たな組織を指導、運営するうえでは不適格だったと言わざるを得ない。

三成の失敗は組織づくり、意思決定プロセスの確立がいまも昔も重要で、そして困難であることを教えてくれる。

田沼意次（一七一九～一七八八年）

官僚の枠を超えられなかった改革者の限界

✣「汚職政治家」から「改革者」へ

現在（二〇二五年）放送中のNHK大河ドラマ『べらぼう』の主人公は、喜多川歌《きたがわうた》麿《まろ》・東洲斎写楽《とうしゅうさいしゃらく》などをプロデュースした江戸の出版人、蔦谷重三郎《つたやじゅうざぶろう》である。重三郎が活躍した時代は、老中（現代の取締役に該当）の田沼意次が江戸幕府の政治を牛耳っていた。

田沼意次は享保《きょうほう》十九年（一七三四）、十六歳のときに、八代将軍徳川吉宗の長男である家重《いえしげ》の小姓となった。延享《えんきょう》二年（一七四五）に家重が九代将軍に就任すると、将軍の小姓となり、翌年には小姓のトップである小姓頭取に昇進した。その後も御用取次見習、御用取次と昇進を重ねた。

宝暦《ほうれき》十年（一七六〇）に将軍家重が引退し、家重の子の家治《いえはる》が十代将軍になった。将軍が代替わりすると、側近も総入れ替えになるのが普通なので、意次も御用取次を辞職することになるはずだった。

ところが家重の意向もあり、意次は御用取次を留任となった。家治の下で意次はさらに目覚ましい出世を遂げていく。明和《めいわ》四年（一七六七）に側用人（現代の秘書室長に該当）に就任し、安永《あんえい》元年（一七七二）には側用人兼務の老中という前代未聞の地位に就いた。ここに意次の権勢は頂点に達した。

将軍家治は積極的に政務に関わろうとせず、意次を全面的に信頼して政治を委ねたため、意次は幕府権力を完全に掌握した。現代にたとえるならば、さしずめオーナー会長に全権委任されたサラリーマン社長といったところだろうか。

さて田沼意次は戦前戦後を通じて、賄賂《わいろ》を好む汚職政治家として、大変評判が悪かった。こうした田沼意次像を鮮やかに転換したのが、歴史学者の大石慎三郎氏が一九九一年に発表した『田沼意次の時代』（岩波書店）である。

大石氏は、田沼が金権政治家であったことを示すとされてきた史料のほとんどは、田沼失脚後、世間に流れた噂話の類を書き留めたものであると論じた。そして大石氏は田沼の政策を再評価し、「すぐれた財務家であるが、誠実一筋の人間であるうえに常々目立たぬよう目立たぬよう心掛けていた、大変な気くばり人間であった」と結論づける。

そんな田沼が失脚したのは、家柄が低いにもかかわらず、実力によって老中兼側用人として幕府の中枢まで上り詰め、大胆な改革を行なっていたため、無能で前例踏襲的な譜代門閥層の嫉妬と反感を買っていたからだという。

田沼失脚後に成立した松平定信政権は、現実に対応する柔軟な適応力に欠けた反動保守政権であり、以後の幕府権力は基本的にこの路線を継承する。田沼の失脚を転機として幕府権力は硬直化を強め、衰退の方向をたどった、というのが大石氏の見解である。

❖――リフレ派による過剰な「再評価」

現在の「田沼再評価論」は、基本的に大石氏の主張を発展拡大させたものである。とくに、緩やかな物価上昇を是とする「リフレ派」と呼ばれる経済学者・経済評論家と、その影響を受けた保守派の論客のあいだでは、田沼意次の経済政策に対する評価が高い。

いくつか例を挙げよう。経済評論家の上念司《じょうねんつかさ》氏は「意次は『経済の掟』でいうところの『自由な商売』を奨励し、公共事業によって干拓や道路整備などを進めることで初期資本主義のインフラを整備しようとしました」と、その「重商主義」を称賛している（『経済で読み解く明治維新』ＫＫベストセラーズ、二〇一六年）。

作家の百田尚樹氏に至っては、「もし意次が失脚せず、彼の経済政策をさらに積極的に推し進めていれば、当時の経済は飛躍的に発展していた可能性が高い。そうなると日本は世界に先駆けて資本主義時代に入っていたかもしれない」とまで述べている（『日本国紀』幻冬舎、二〇一八年）。

けれども、近年のリフレ派による田沼評価は、悪徳政治家という不当なレッテルを訂正する「再評価」ではなく礼賛《らいさん》の域にまで達しており、違和感がある。

現在の歴史学界では、田沼の評価に対する揺り戻しが起こっており、田沼の政策の限界・問題点が指摘されている。田沼は、その斬新な政策を理解できない守旧派に足を引っ張られたから失脚したとは必ずしも言えない。田沼自身の政策に欠陥があり、改革が挫折したからこそ、失脚したのである。

その意味で、田沼はやはり敗れるべくして敗れた「敗者」であり、彼を悲劇の改革者として過剰にもち上げるべきではない。ここでは、田沼の主要政策の意図と問題点について探っていく。

❖——田沼意次の台頭

江戸開府以来、幕府財政は鉱山（金山・銀山）収入と長崎貿易の収入に支えられて良好だった。しかし、鉱山の枯渇《こかつ》と貿易制限によって鉱山収入と貿易収入は激減し、元禄の末年ごろには、財政赤字が深刻化していた。八代将軍徳川吉宗は幕府財政再建のため、新田開発と年貢増徴を推進した。この年貢増徴策は農民の強い反発を呼び、天領（幕府直轄領）において百姓一揆が頻発した。

この増税路線は吉宗の死後も継続されるが、幕府要人の後押しを受けて年貢増徴を図った美濃の郡上《ぐじょう》藩で大規模な百姓一揆（郡上一揆）が発生したことで、転機が訪れる。幕府の裁定により郡上藩主金森氏は一揆発生の責任を追及され改易（藩の取り潰し）となり、郡上藩を応援していた幕府中枢部の老中・若年寄《わかどしより》・大目付《おおめつけ》・勘定奉行《かんじょうぶぎょう》らも失脚した。そしてこの裁判を審理し、事態を収拾した田沼意次が台頭、かくして「田沼時代」の幕開けとなる。

✣――流通課税は画期的か

郡上一揆の発生を受け、田沼意次は、年貢米を多く取り立てるという形での財政再建策はもはや限界であると認識し、政策転換を行なった。それは、大石氏の言葉を借りれば、「直接税の引上げはやめて、新たに元禄以来とくに盛んになった商品流通に課税して税の不足分を補うという、いわば間接税の採用」であった。具体的には、田沼は株仲間（業界団体）や会所（会社）の設立を積極的に認可して、その営業上の利権を公認する見返りに、運上・冥加金という事業税を上納させたのである。

田沼を経済に明るい先見性のある改革者と評価する人びとは、右の流通課税の実行を重視する。百田尚樹氏は「この政策はあまり評価されていないが、私は画期的なことであったと思う。江戸幕府が開かれて百五十年以上、どの将軍も老中も思いつかなかったことだ。いや、むしろ経済がこれほど発展し、商人たちが大きな収益をあげ、その金を大名たちに貸して利益を得ていたにもかかわらず、彼らの利益から徴税することに気付かなかったのは不思議だというべきか」と述べている。

たしかに、この田沼の施策が幕府財政の改善につながったのは事実であろう。けれども、経済全体の活性化につながったと言えるだろうか。

百田氏も言及しているように、株仲間とは要するに、幕府から営業の独占権を与えられた商人の集まりである。株仲間は特権を与えられたわけで、株仲間以外の商人が新規参入することを排除するという意味で、排他的である。

もともと株仲間制度は、徳川吉宗の時代に江戸町奉行の大岡越前守忠相が提案、実施したものである。消費者物価の高騰《こうとう》（インフレ）への対処として、商人に同業者組合をつくらせて、流通を取り締まらせることで物価の上昇を抑えようとしたのである。

この株仲間に上納金を要求したところに田沼の独創性があるが、上納金目当てに株仲間を次々と認可していっては、流通を阻害すること甚《はなは》だしい。株仲間は、流通統制を名目に新規参入を排除するからである。

さまざまな分野で株仲間が結成されれば、経済はかえって停滞する。自民党への企業・団体献金と、業界団体の自民党への陳情が、中立公正であるべき政策を歪《ゆが》ませているのではないか、としばしば批判されるのと同種の構造である。

❖――利権政治の横行

会所の広範な認可にも問題がある。民間の業者が、このような事業を起こせば世のため人のためになるから認可していただきたい、と幕府に請願して許可されることで、会所は設置される。しかし、この場合も会所は独占的な営業権を認められるわけで、必ずしも地域住民や関連業者の利益になるとは限らない。実際、会所設置に対し住民が反対運動を起こした例もある。

幕府は会所と住民の利害を調整しようと試みてはいるが、高額な冥加金の上納を期待し、人びとの反対を押し切って認可することもままあった。

さらに問題なのは、商人たちが認可を得るために、許認可権をもつ役所の奉行や職員に働きかけたことである。当然のことながら、贈収賄《ぞうしゅうわい》が盛んに行なわれることになった。

もちろん、商人が幕府の役人に賄賂を贈ることは以前からあった。しかし、田沼が新規事業の立ち上げを奨励したことが賄賂横行の温床になったことは否定できない。田沼の施策は利権政治を加速させたのである。

なお、この利権政治の要に位置していた田沼が清廉潔白であったはずはない。田沼家は、六〇〇石の旗本から五万七〇〇〇石の大名家へと急成長した成り上がりであり、代々受け継がれてきた家法（大名家のルール、行動規範）や譜代の家臣をもたない。いきおい、家臣の統制が甘かった。田沼本人はさておき、田沼の家臣たちが賄賂を受け取っていたことは確実である（『相良町史　資料編　近世㈠』）。

蝦夷地開発の挫折

大石氏をはじめ、田沼意次の先見性・革新性を評価する論者が注目する業績の一つが、田沼が主導した蝦夷地《えぞち》（北海道）探検と、それに基づく同地開発計画である。以下、『新北海道史　第七巻　史料一』所収の史料「蝦夷地一件」に主に依拠して、田沼意次の蝦夷地政策の事実関係について整理する。

十八世紀には、ロシア人が千島列島を南下し、東蝦夷地の要地である厚岸《あつけし》にまで姿を現わすようになった。これまで幕府は蝦夷地の経営を松前藩に完全に委任していたが、ロシアの野心をオランダが警告するに及んで、対ロシア防衛の最前線として蝦夷地に目を向けるようになる。その先駆者が田沼意次であったとされる。

仙台藩医で経世家の工藤平助は、天明《てんめい》元年（一七八一）から同三年（一七八三）にかけてロシア研究書『赤蝦夷風説考』（全二巻）を著し、ロシア人の南下を説き、北辺の防備とロシアとの貿易の必要を論じた。工藤平助の娘である只野真葛《ただのまくず》の随筆『むかしばなし』によると、平助と面会した田沼の家臣が、平助の北方開発論に興味を示し、主君に構想を伝えるために一冊の本にまとめてほしいと平助に要望した結果、執筆されたのが『赤蝦夷風説考』だという。

案の定、田沼は『赤蝦夷風説考』に関心を抱き、その検討を勘定奉行の松本秀持《ひでもち》に命じた。天明四年（一七八四）五月十六日、松本は蝦夷地政策の方針案を田沼に提出した。松本の案で強調されていたのは、蝦夷地の鉱山を開発して金銀銅を採掘し、それを輸出してロシアと交易するというものであった。

松本の検討は田沼の意向に沿ったものであろうから、鎖国から転換しロシアとの交易を公式に行なうという松本の考えは、田沼の考えでもあったと思われる。田沼の関心は蝦夷地の鉱山開発とロシア貿易に向いていて、海防は軽視していたようである。

鉱山開発とロシア貿易の実現可能性を調査するため、田沼は天明五年（一七八五）から同六年にかけて、佐藤玄六郎《げんろくろう》を隊長とする調査隊を蝦夷地へ派遣した。調査隊は二手に分かれ、東蝦夷班の青島俊蔵《としぞう》・山口鉄五郎・最上徳内《もがみとくない》らは千島列島をクナシリ（国後）・エトロフ（択捉）からウルップ（得撫）まで探検した。

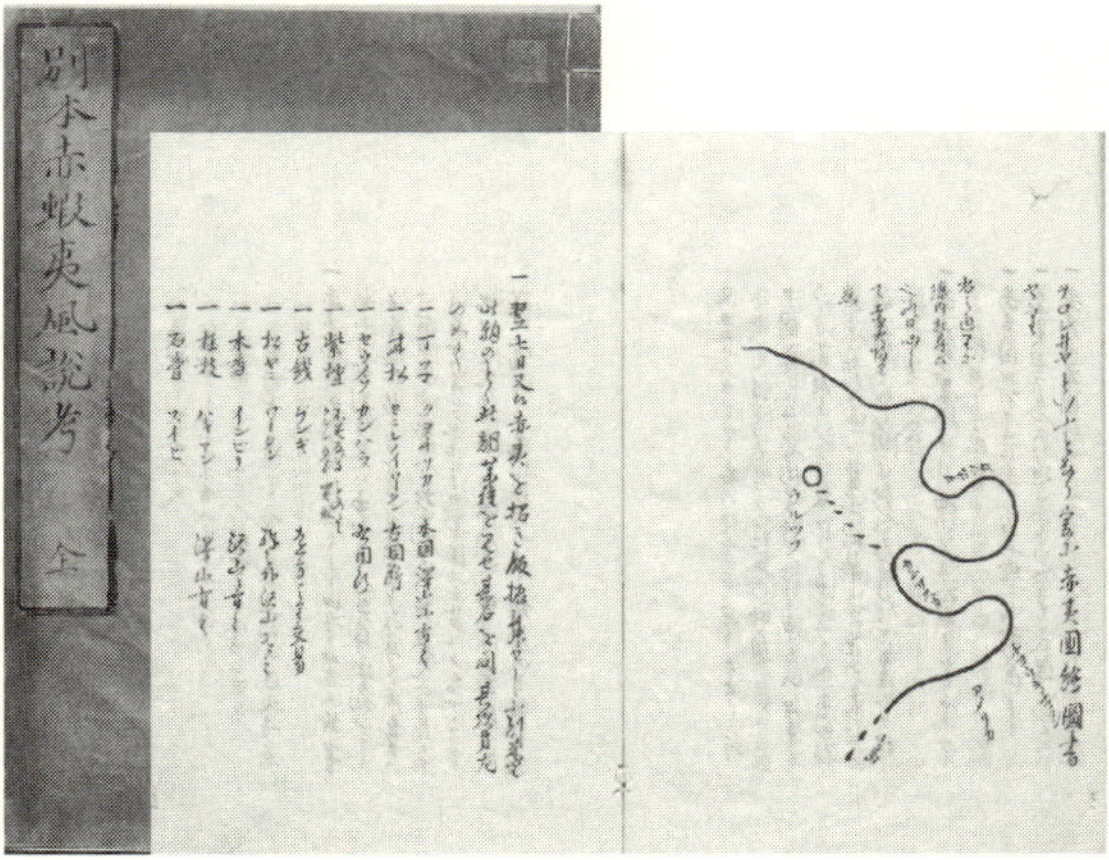

『赤蝦夷風説考』

西蝦夷班では天明五年に庵原《いはら》弥六《やろく》らがカラフト（樺太）に渡って海岸沿いに九〇里を踏破した。宗谷《そうや》に引き返した庵原は越冬中に病死し、天明六年（一七八六）に大石逸平らが第二次調査隊として再びカラフトに渡り、ナヨロ（名寄）まで至った。

ところが、大探検の経済的成果は乏しいものであった。天明六年二月、江戸に戻った佐藤玄六郎の第一次調査の報告を受けて松本は、具体的な蝦夷地政策を提案したが、その提案書には鉱山開発の計画は見えない。噂に反して、蝦夷地の金銀銅の埋蔵量は少なかったのであろう。

ロシアとの貿易についても、実際の日本人

とロシア人の密貿易は小規模で、ロシアが日本との交易に熱心であるという話はかなり誇張されたものであった。しかも、ロシア人がもたらす商品は長崎貿易の輸入品とほぼ同じで、ロシアとの貿易には大きなメリットがないことが判明した。松本は当面はロシア貿易の必要なしと結論づけている。この提言を受け、田沼はロシアとの貿易の実施を見送った。

代わりに松本が提案したのが、蝦夷地における大規模な田畑の開発であった。ロシアとの貿易という大胆なプランが消えて、新田開発という新味のない案が出てきたわけだが、その規模は空前絶後であった。

蝦夷地本島の面積を一一六六万四〇〇〇町歩《ちょうぶ》と試算したうえで、その一〇分の一が耕地化できると仮定すると一一六万六四〇〇町歩。内地では一反《たん》の田から一石の米が収穫できるが、蝦夷地ではその半分の収穫が見込めると仮定して、五八三万二〇〇〇石の石高増加を松本の計画は謳《うた》っている。

歴史学者の藤田覚《さとる》氏は「この新田開発計画が実現すると、当時の日本全国の石高を三〇〇〇万石と推定すると、一挙に二〇パーセントも増加し、単位面積あたりの収穫量が内地並みになれば、四〇パーセントも増えることになる」と指摘している（『田沼意次』ミネルヴァ書房、二〇〇七年）。蝦夷地というフロンティアに夢を描いたのだろうが、気宇壮大すぎて、雲をつかむような話である。

これだけの大開発を行なうには、膨大な労働力が必要である。その数は一〇万人と試算された。アイヌだけでは当然足りないので、穢多《えた》・非人《ひにん》と呼ばれていた被差別民七万人を移住させることを検討している。アイヌや被差別民が農業従事を望んでいるかどうかも不明であり、絵に描いた餅に見える。仮に労働力は賄《まかな》えたとして、開発に必要な巨額の資金はどのようにして捻出するつもりだったのだろうか。

蝦夷地を舞台とした田沼の新田開発計画は、しばしば彼の失脚により実現しなかったと語られ、田沼の次に政権を担った松平定信が計画を葬ったことを非難する向きもある。しかし、たとえ田沼が失脚せず、引き続き政権を担当していたとしても、右のような採算を度外視した荒唐無稽《こうとうむけい》な計画が実現するはずがない。

田沼は、幕府の財政難を打開するための新規巨大プロジェクトを求めていた。そうした一発逆転ホームランを望む空気のなかで、威勢が良いだけで具体性のない非現実的なアイディアが浮上し、採用されたにすぎないのである。

現在、「日の丸半導体」の復権を掲げて官主導で次世代半導体の国内量産をめざす新会社「ラピダス」が始動し、北海道千歳《ちとせ》市で新工場の建設が進んでいる。だが、ラピダスが北の大地に過剰な期待をかけた田沼の蝦夷地開発と同じ轍を踏まないか、注視するべきだ。

印旛沼干拓の失敗

田沼意次の巨大プロジェクトとして最も著名なものは、印旛沼干拓《いんばぬまかんたく》であろう。以下、織田完之《かんし》『印旛沼経緯記 外編』『印旛村史 近世編史料集Ⅲ』『本埜村史 史料集近世編二』などに収録されている史料を参照して、田沼の印旛沼開拓事業を紹介する。

印旛沼は利根川下流右岸にあるW字型の巨大な沼で、周囲四七㎞、面積二〇平方㎞であった。利根川が増水するたびに水害を起こす厄介な沼だったという。

そこで沼の利根川に接する部分を締め切り、沼の西端に位置する千葉郡平戸《ひらど》（現在の八千代《やちよ》市平戸）から同郡検見川《けみがわ》（千葉市検見川町）に至る四里一二町余（約一七㎞）に掘割をつくり、水を江戸湾に落とすことで水害を防ぐとともに、沼地を干拓新田にしようという計画が持ち上がった。

工事の発端は、享保九年（一七二四）に千葉郡平戸村の染谷源右衛門《そめやげんえもん》が幕府に出願したのに始まる。当時の徳川吉宗政権は新田開発に積極的であったから、早速幕吏を派遣して実地調査を行ない、有望と判断、これを許可した。工事は源右衛門が請け負い、幕府から六〇〇〇両を借用して起工したが、予想外の難工事で源右衛門をはじめ倒産する者が続出し、ついに挫折した。

しかし田沼時代に干拓計画が復活した。安永九年（一七八〇）、下総《しもうさ》印旛郡などを支配していた幕府代官の宮村孫左衛門《まござえもん》が発案し、翌天明元年（一七八一）には出資する商人を見つけてきて事業計画書を勘定奉行所に提出した。これを受けて翌年二月、幕吏が出張して実地を巡検し、七月には印旛沼干拓工事の実施が決まった。

この工事が完成した暁には三九〇〇町歩（約三九〇〇ha）もの新田が造成される予定であった。一一六万六四〇〇町歩の耕地をつくろうという前出の蝦夷地開発に比べればはるかにスケールが小さいが、江戸時代においては前例のない巨大開発事業であった。何より、夢物語のような蝦夷地開発と違って実現性が高かった。

工事箇所の杭打ちや測量といった準備も終わり、工事のため印旛郡下市場村に工事事務所がつくられた。天明五年（一七八五）末ごろには着工され、勘定所役人が現地に出向いて事務所に詰め、工事の指導監督に当たった。

作業は順調に進み、利根川の締め切り工事をはじめ全工程の三分の二ほど進捗した天明六年七月、未曾有《みぞう》の大洪水が関東を襲った。大増水した利根川の水は、利根川と印旛沼とを遮断した締め切り場を破壊し、印旛沼に流れ込んだ。いままでの施工はすべて水の泡となった。

翌八月に田沼の後ろ盾であった将軍徳川家治が重病で死去すると、田沼は老中辞職に追い込まれる。このタイミングで印旛沼干拓工事の中止が発表されるので、田沼失脚の影響で工事が中止されたという見解もあるが、事実は逆であろう。

同月には、貸金会所（資金繰りに苦しむ大名を対象とする幕府肝煎りの金融機関、いわば幕府銀行）を新たに設立するための財源として全国の百姓・町人から御用金を取り立てる施策（全国御用金令）が、前述の大洪水を理由に中止された。この実質的な増税策である御用金令は、もともと全国的に激しい反発を招いており、実現が危ぶまれていた。

田沼礼賛者たちは、将軍家治の危篤《きとく》に乗じて松平定信ら保守派が政変を仕掛けて、田沼という改革者を蹴落としたと理解している節がある。だが現実には、洪水という不運があったにせよ、田沼が推し進めてきた重要政策は行き詰まっていた。田沼の庇護者であった家治がこの世を去った以上、田沼が政治責任を追及されるのは必然であったと言えよう。

✣──田沼はなぜ敗れたか

田沼意次はなぜ敗れたか。近年、百田尚樹氏のように、頑迷固陋《がんめいころう》な保守反動派の陰謀によって不当に失脚させられた悲劇の改革者として、田沼を語る論者が散見される。けれども実際には田沼の失脚は、彼の政治思想・政治手法の限界がもたらしたものである。

異例の昇進を遂げた田沼は、型破りの人物と捉えられがちだが、むしろきわめて官僚的な人物である。幕府という巨大組織のなかで、組織の論理に巧みに順応できたからこそ田沼は出世できた。主君の寵愛《ちょうあい》を笠に着て驕り高ぶっていたという通俗的イメージとは裏腹に、田沼は腰が低く、諸大名とも親しく付き合い、下級の家来にも声をかけた。典型的な根回し上手の官僚である。

だが、それゆえに田沼は〝幕府第一主義〟であった。しばしば目にする、享保・寛政・天保の三大改革＝緊縮財政、田沼政治＝積極財政という分類は乱暴すぎる。享保の改革で改善した幕府財政は、田沼時代に相次いだ天災・飢饉《ききん》によって再び悪化し始めた。田沼は財政再建のため、倹約令を頻発している。この点では享保の改革の緊縮路線を引き継いでいると言える。

しかも、田沼は拝借金を停止してしまった。拝借金とは災害などで経済難に陥った大名が、無利子で幕府から資金を借りられるという制度である。現代で言えば地方交付税交付金のようなものである。

したがって拝借金の停止は、悪い言い方をすれば地方切り捨てである。かつて小泉構造改革では、国の財政再建のために地方交付税交付金を大幅削減している。その意味で田沼の財政再建策は、リフレ派が批判する〝小泉〟的でさえある。

田沼には、財政出動によって経済を活性化させるという発想はなかった。田沼が重視していたのは幕府財政の再建である。〝無駄な支出〟を削り、印旛沼干拓工事などの〝大規模公共事業〟によって税収増を図った。そして、大名を救済するための銀行をつくる費用を集めると言って百姓・町人から御用金を取り立てようとした。そこには、国家全体の経済をどうするかという視点が欠落している。

そのことを象徴するのが前掲の蝦夷地開発である。田沼の蝦夷地開発計画は、松前藩から蝦夷地の支配権を取り上げることを前提にしていた。田沼にとっては幕府の財政が改善されることが大事で、松前藩がどうなろうと知ったことではなかったのだ。

幕府のみの利益を追求する田沼の政策は、当然のように諸方面からの激しい反発を受け、立ち往生した。田沼の失敗は、グランドデザインなき場当たり的な〝成長戦略〟が逆効果であることを私たちに教えてくれる。

第三章

オーナー社長型

［後鳥羽上皇／織田信長］

オーナー社長はサラリーマン社長に比して大きな権力をもっているがゆえに、本人に能力とカリスマ性があると、トップダウンで会社を引っ張っていくことができる。こうしたカリスマ社長は、ビジネス雑誌などに登場することも多く、その経営論や仕事術に感化されるビジネスパーソンは少なくない。

だが、オーナー社長の能力とカリスマ性は諸刃《もろは》の剣《つるぎ》である。優秀で迫力のあるオーナー社長の方針には、部下が意見しづらい。独裁になってしまい、チェック機能が働かない恐れがある。

本章では、幼少の頃から人の上に立つ存在として育てられた歴史上の人物を取り上げ、彼ら「オーナー社長」の「失敗」を検証したい。

周知のように、織田信長は非常に優れた武将であった。あまり知られていないかもしれないが、承久の乱で敗れた後鳥羽上皇も、カリスマ性に満ちた文武両道の名君であった。こうした有能なオーナー社長を部下が諫めるのは至難の業である。ゆえにトップの側が、自制・自省の意識をもち、部下の諫言に耳を傾ける必要がある。

だが信長にせよ、後鳥羽にせよ、そうした意識は希薄であったように思われる。以下で彼らの問題点を具体的に見てみよう。

後鳥羽上皇（一一八〇～一二三九年）

自身の権威を過信した「名君」の誤算

❖――承久の乱の画期性

二〇二二年のNHK大河ドラマ『鎌倉殿の13人』の主人公は北条義時《よしとき》だった。義時は承久《じょうきゅう》三年（一二二一）に勃発した承久の乱で、後鳥羽上皇方に勝利することによって、幕府と朝廷の力関係を劇的に転換し、武家政治の流れを確立した人物である。

一般には、承久の乱よりも鎌倉幕府の成立のほうが歴史的大事件と思われているだろう。鎌倉幕府が百四十年にわたり存続し、滅亡後もその統治の枠組みが室町幕府・江戸幕府という後継の武家政権に決定的な影響を与えたからである。すなわち、鎌倉幕府の樹立が数百年にわたる武家政治の礎《いしずえ》を築いたという歴史認識が世間に浸透している。だが、草創期の鎌倉幕府は、朝廷から自立しようとか、武家政治を展開しようとか、そういう意思を有していなかった。

鎌倉幕府を創設した源頼朝は、京都育ちの名門武士であり、貴族社会の一員であった。高い身分・出自が備わっていたからこそ、頼朝は朝廷に対して巧みな政治的交渉を行なうことができたのである。

けれども、貴族的であるがゆえに、頼朝には限界もあった。朝廷に仕える「王家の侍大将」という自己認識が強く、朝廷と大きな軋轢《あつれき》を起こしてまで、武士たちの権利を擁護するという意識は希薄だった。結果、鎌倉幕府成立後も、公家が武家に優越する体制は続いた。

しかも三代将軍・源実朝《さねとも》（頼朝の次男）の時代には、実朝が後鳥羽上皇に心酔していたこともあって、幕府と朝廷は協調しており、幕府が朝廷の下請けになる可能性もあった。

それどころか、頼朝没後、二十年ほどで幕府が滅亡してしまう恐れすらあった。それが承久の乱である。

将軍と北条氏の関係

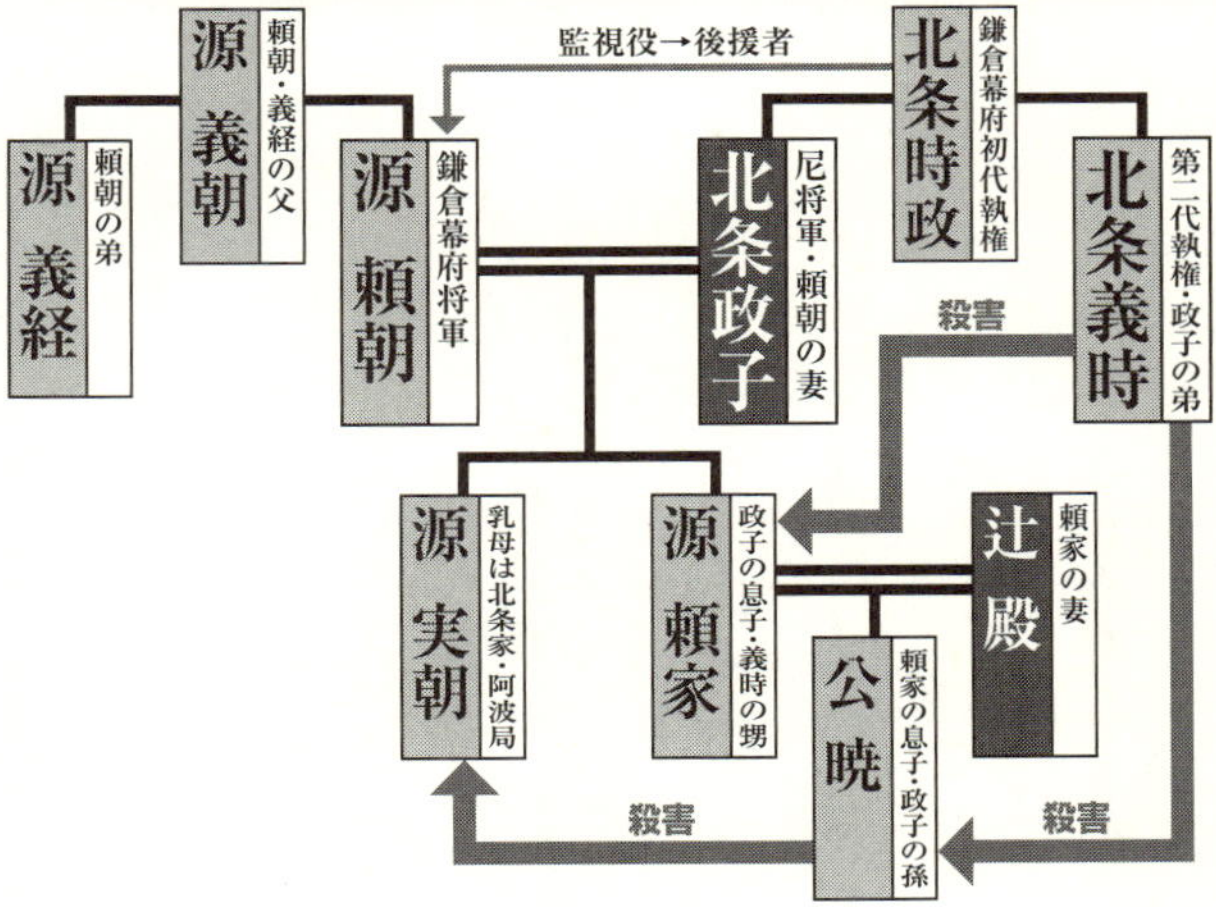

当時の鎌倉幕府は、源実朝が暗殺されたことによって源氏将軍が断絶した状況にあった。北条政子（源頼朝の妻・源実朝の母）・義時（政子の弟）は、摂関家から頼朝の遠縁にあたる三寅《みとら》（のちの四代将軍・藤原頼経《よりつね》）を招き、実朝の後継者とする。

だが、三寅はわずか二歳の幼児であり、政子が「尼将軍《あましょうぐん》」として三寅を後見するというイレギュラーな体制を採らざるを得なかった。武士たちを束ねる執権（幕府ナンバー二、将軍補佐役）たる北条義時の権威も十分とは言えない。しかも頼朝死後、幕府内では権力闘争が相次ぎ、度重なる内紛で多くの有力武士が滅んでいた。

こうした幕府の混乱を見て、後鳥羽上皇は北条義時追討の命を発したのである。

結果を知る現代人からすれば、後鳥羽上皇の挙兵は無謀に映る。しかし、源氏将軍という中核を失い、北条氏がその穴を十分に埋められていない当時の幕府にとっては、義時が「朝敵」として名指しされたことの衝撃は大きかった。

仮に後鳥羽上皇が勝利していたら、歴史はどうなったであろうか。鎌倉幕府滅亡の可能性もあったし、たとえ滅びないにせよ、幕府の力は大幅に削られ、朝廷に従属せざるを得なかっただろう。それこそ「建武の新政」のような朝廷・公家優位の政治体制が定着していたかもしれない。

ご存じのとおり、現実の歴史は逆になった。鎌倉幕府軍は大勝して、後鳥羽上皇は流罪となった。臣下（非皇族）が上皇を処罰したのは日本史上初めてであり、幕府の朝廷に対する優位が確定した。

それ以後、幕府は事実上の皇位継承者決定権を掌握した。次の天皇を誰にするかという、朝廷にとって最も重要な事項でさえ、幕府の許可なく決めることはできなくなったのである。

承久の乱以降の日本においては、武家が政治を主導した。これはまさに「武家政治」である。逆に言えば、それ以前は厳密には「武家政治」ではない。幕府の影響力は非常に大きいものだったが、政治の中心はあくまで朝廷に存在した。

北条義時がどこまで確固たる政治構想をもっていたかは議論の余地があるが、結果的に彼が武家政治を完成させたことは明白である。義時は史上稀《まれ》にみる偉大な「勝者」であったと言えよう。

✣――北条義時の勝因は何か

では、北条義時の勝因は何だったのか。じつは史料を読み解くと、義時の決断や指導力が勝利を導いたという印象は受けない。

後鳥羽上皇は西面の武士を組織するなど朝廷独自の軍事力を強化していたが、当然のことながら幕府の軍事力にはまったく及ばないものだった。にもかかわらず、後鳥羽上皇が挙兵を決断したのはなぜか。上皇にはどのような勝算があったのだろうか。

じつは、後鳥羽上皇は「倒幕（幕府打倒）」を宣言してはいない。後鳥羽上皇は、全国の守護・地頭に対して、鎌倉幕府執権の北条義時の追討を命じている。守護・地頭とは要するに、鎌倉幕府の御家人のことである。後鳥羽上皇は討伐対象を義時に絞ることで、多くの御家人が幕府を裏切る事態を期待していた。

建保《けんぽう》七年（一二一九）に源実朝が暗殺され、犯人の公暁《こうぎょう》（実朝の甥《おい》で猶子）も殺された。頼朝直系の子孫は、鎌倉からいなくなってしまった。

前述のように、新たに鎌倉殿になった三寅は、当時わずか二歳だった。このために、三寅はすぐに将軍にはなれなかった。鎌倉幕府はしばらく将軍不在の状態を余儀なくされ、三寅の後見役である北条政子が尼将軍として力を振るい、弟の義時が執権として幕府の実務を取り仕切った。事実上、頼朝が開いた幕府は北条氏の幕府になったのである。

鎌倉幕府の創業者である頼朝に仕えていた御家人たちにとって、頼朝の子孫に忠誠を尽くすのは比較的了解しやすいことだったが、摂関家出身の幼児に忠誠を尽くせと言われても、なかなか納得できるものではない。なかには強く反発した御家人もいた。

その一人が、三浦胤義《たねよし》である。胤義から見れば三寅は北条氏が仕立てた傀儡《かいらい》で、同格の御家人にすぎない北条氏の命令には従えないという気持ちが強かった。胤義は頼朝の重臣だった三浦義澄の子で、自身も有力御家人だった。胤義は後鳥羽上皇に接近し、挙兵を促したという。

大江広元の卓見

源氏将軍の断絶と三寅の擁立によって、北条氏が幕府の実権を握る体制が明白になった。後鳥羽上皇は義時追討令のなかで義時を「幕府を好き勝手に支配し、朝廷を軽んじる」と激しく非難した。この文言も、北条氏に対する御家人の怒りを煽る作戦だったと考えられよう。

さて、『吾妻鏡』や『六代勝事記』などの歴史書によれば、後鳥羽上皇の北条義時追討令を知って動揺する御家人たちを前に、北条政子は演説を行ない、頼朝から受けた御恩の大きさを御家人たちに思い出させ、幕府への奉公を説いたという。

北条義時とともに数々の権力闘争を潜り抜け、幕府を瓦解の危機から守り続けた政子の言葉には、特別な重みがあった。政子の演説を聴いて、御家人たちは奮起した。

政子が演説を行なった日の夕刻、北条義時の屋敷で幕府首脳部が、今後の戦略を協議した。参加者は、義時・泰時（義時の長男）・時房《ときふさ》（義時の弟）、大江広元、三浦義村《よしむら》（胤義の兄）、安達景盛《かげもり》らである。

論点は、積極攻勢策か迎撃策か、どちらを選択するかにあった。東海道の要衝である足柄《あしがら》・箱根の両関所を固めて防衛に専念するという意見が強かった。

幕府は、後鳥羽上皇に反逆するのではなく、後鳥羽上皇の「君側《くんそく》の奸《かん》」を討つという大義名分を掲げることで抗戦の正当化を図った。とはいえ、京都に向かって攻め上れば、「朝敵」の誹《そし》りは免れないだろう。義時らが及び腰になるのも無理はない。

けれども広元は、「時を移せば東国武士の結束が乱れて敗れるだろう。運を天に任せて早く出撃すべきだ」と主張した。政子の演説によって御家人たちは奮い立ったが、彼らの士気は時間が経てば低下する。追討命令の内容も、いずれは御家人たちのあいだに広がる。「朝敵の義時さえ討てば、わが身は安泰になる」と、保身に走る者が出ぬともかぎらない。鉄は熱いうちに打て、である。広元の卓見には感心させられる。

会議で結論が出せなかったため、義時は鎌倉殿代行の政子に、積極攻勢策と迎撃策の二案を提示し、決断を求めた。政子は「上洛しなければ勝ち目はない」と述べて、武蔵《むさし》の武士たちが集まり次第、出陣すべきであると説いた。武蔵国は北条氏の強固な政治的・軍事的地盤となっており、鎌倉からも近い。北条氏の影響下にある相模《さがみ》武士・武蔵武士を第一陣とするのが、政子の考えだったのだろう。

そこで、義時は遠江《とおとうみ》以東の東海道、信濃以東の東山道の武士たちに飛脚を送り、出陣を命じた。この際、義時は「京都より坂東を襲う」と状況を説明している。義時追討命令を「朝廷による倒幕」にねじ曲げ、幕府滅亡の危機を喧伝《けんでん》することで、東国武士の総動員を進めようとしたのである。

ところが、幕府首脳部は再び迎撃策に傾いた。本拠地を離れて不用意に上洛するのは危険ではないか、という意見が出たのだ。鎌倉で謀叛が起こることを警戒したのであろう。

これに対して広元は、「上洛を決定しながら、なかなか出陣しないから、迷いが生まれて反対意見が出てしまった。武蔵の武士を待つために時を重ねれば、彼らも心変わりするかもしれない。北条泰時が自身一騎だけでも出陣すれば、東国武士は後に続くだろう」と、再び積極策を説いた。

そこで政子は、年老いて病に倒れていた三善康信《みよしやすのぶ》にも諮問《しもん》したところ、康信も「大将軍一人でも早く出撃すべきだ」と答えた。広元と康信の意見が一致したことで義時もついに決断し、泰時に出撃を命じた。

北条泰時を追いかける形で、東国武士は順次参陣し、京都に向かって進撃した。大軍に膨れ上がった幕府軍が西上、後鳥羽上皇軍に圧勝したことは、周知のとおりである。

それにしても、一連の戦略決定の過程で、義時の影は奇妙なほど薄い。実際、幕府軍の出撃後も、義時は不安だったらしい。

『吾妻鏡』は、次のような話を載せている。義時邸の建物の一つに雷が落ち、一人の人夫が亡くなった。義時は「朝廷に逆らおうとしたらこのような怪異が起きた。滅亡の前兆ではないか」と気に病んだ。これに対し大江広元は、「頼朝公が藤原泰衡を討つために奥州に出陣したときにも落雷がありましたから、むしろ良い結果の前ぶれでしょう」

と励ましたという。

✣——後鳥羽上皇の敗因

『吾妻鏡』は幕府軍の構成を、北条泰時・時房・三浦義村ら東海道軍一〇万、武田信光・小笠原長清《ながきよ》ら東山道軍五万、北条朝時（泰時の異母弟）・結城朝広《ゆうきともひろ》ら北陸道軍四万、総勢一九万騎と記す。なお、慈光寺本『承久記』は東海道軍七万、東山道軍五万、北陸道軍七万と記す。いずれにせよ誇張であろうが、幕府軍有利と見て、我も我もと御家人たちが参加し、最終的に数万の大軍に膨れ上がったことは認めて良いだろう。

一方の後鳥羽上皇方は、慈光寺本『承久記』によれば、総大将は藤原秀康、総勢一万九千余騎だという。これを信じるなら、幕府軍の十分の一ということになる。干戈《かんか》を交える前に大勢は決したと言える。

幕府方が結束してしまったら、後鳥羽上皇方に勝ち目がないことは最初からわかっていたことだった。ゆえに後鳥羽上皇は、幕府方の内部分裂を狙ったのである。三浦胤義を介して兄の三浦義村を寝返らせる、といった工作によって、幕府軍を自壊させることが基本戦略であった。

ただし、この戦略には根本的な矛盾があった。京都で後鳥羽上皇に奉公する胤義の官位は義村を凌駕しており、義村の脅威となっていた。後鳥羽上皇方が勝てば、義村と胤義の立場は完全に逆転する可能性がある。こうした事情は、一族で在京活動と在鎌倉活動を分担するほかの東国御家人も同様であり、もともと東国御家人たちが説得に応じる確率は低かったと言える。

最大の敗因は、朝廷・上皇の権威を後鳥羽上皇が過信したことにあるだろう。後鳥羽方には鎌倉幕府と袂《たもと》を分かった御家人、鎌倉幕府に怨念《おんねん》をもつ武士が多くいた。その代表例が三浦胤義である。胤義の妻はもともと二代将軍頼家の妻で、禅暁《ぜんぎょう》を産んでいた。だが、禅暁は承久二年（一二二〇）に幕府に暗殺されて妻が嘆き悲しんだため、北条氏を恨んだ胤義は鎌倉を離れ、後鳥羽上皇に仕えることになった（慈光寺本『承久記』）。ほかにも、幕府に不満をもち後鳥羽上皇のもとに馳せ参じた武士は少なくない。

後鳥羽上皇の周囲には、幕府への怒りを語る武士が集まっていた。武士層全体から見ると一部の意見にすぎないのだが、後鳥羽上皇がそうした極論に影響されて、「幕府が武士たちに支持されていない」と、誤解したのかもしれない。

ところが、蓋を開けてみたら、幕府方の迅速かつ果断な対応も影響して、東国武士たちは次々と幕府の下に馳せ参じ、畿内・西国武士の動きは鈍く、予想以上の兵力差がついてしまった。後鳥羽上皇の焦燥は、いかばかりであったろうか。

冷静に見て、承久の乱で幕府が圧勝したのは、北条義時の英断の結果というより、後鳥羽上皇の自滅によるものと言えよう。自己の権威への過信、耳に心地よい取り巻きたちの声への依存が後鳥羽上皇に悲劇をもたらした。

私たちが学ぶべきは、北条義時ではなく、むしろ後鳥羽上皇なのである。

織田信長（一五三四〜一五八二年）

部下の謀叛を招いた「ブラック企業」の長

織田信長は急進的改革者だったのか

織田信長を「敗者」と呼ぶと、違和感をもつ人は多いだろう。たしかに信長は、事実上の天下人となった英雄である。だが、信長が志半ばで斃れたことは紛れもない事実であり、その意味で彼は敗者である。

信長はなぜ天下統一を目前にして、明智光秀によって滅ぼされたのだろうか。どうして光秀に謀叛を起こされたのだろうか。

一般には、信長は革命児であり、その急進的な改革に保守的な光秀がついていけなくなった、という認識が広まっていると思われる。この理解が正しければ、信長は性急で過激だったがゆえに失敗して、「敗者」になったということになる。たとえば、三重大学特任教授の藤田達生氏は次のように説く。

本能寺の変は、日本の中世から近世への転換期に起こった事件であった。そうした転換期は、伝統的な支配体制と価値観を守ろうとするいわゆる「守旧派」と、それを打ち壊して新たな体制と価値観を創ろうとするいわゆる「改革派」との激烈な争いとなるのが常である。

織田信長は、天下人を頂点とする専制支配体制の確立と中世武士の意識変革をめざしていた。明智光秀の背後には、室町時代を支えてきた足利幕府や朝廷に連なる広範な人びとの連携があった。本能寺の変は、これら新旧二つの勢力のせめぎ合いのなかから起こった政治的事件なのである。（『本能寺の変』講談社学術文庫）

けれども近年の研究は、織田信長を革新者とする見方を修正しつつある。かえって信長は、中世的秩序を温存した政治家であったという。信長が幕府や朝廷、大寺社といった既存の権威と協調的であったことについては拙著『陰謀の日本中世史』（角川新書）で論じたので、ここでは信長の政策について見ていきたい。

成蹊大学名誉教授の池上裕子氏は、信長は所領の大きさを貫高（銭換算）で表示するか石高（米換算）で表示するかを統一せず、現地の慣行を踏襲したと指摘する。尾張・美濃・伊勢では貫高表示、五畿内や近江、越前、西国などでは石高表示という具合に、両方式を併存させたのである。

加えて池上氏は、信長が土地に対する旧来の権利関係を否定せず、そのまま温存していたと説く。中世の土地にはさまざまな人間が重層的に権利をもっていた。このような錯綜した権利関係を検地によって整理し、原則として一つの土地には一人の領主と一人の耕作者だけがいる（中間搾取を排除する）形にもっていくのが近世的な知行制であるが、信長はそれを志向しなかった。敵の知行を奪って味方や家臣に恩賞として配るだけで、検地によって石高を把握・確定しようとは考えなかったのである。

一方、後北条氏は検地に基づいて家臣に知行を給付し、百姓の年貢高を定める方式を七十年前から導入していた。検地という観点から評価すれば、後北条氏のほうが信長より近世的であり、先進的である。

信長は後北条氏などと比べて、郷村に宛てた文書が非常に少ない。池上氏は「百姓と直接向き合い、百姓の生産や暮らしを見つめて百姓支配の政策を生み出そうとすることがなかった」と述べる（『織田信長』吉川弘文館、二〇一二年）。民政軽視なのである。この点で近世の大名とは大きく異なる。

信長は検地に後ろ向きだった

織田信長が内政に関心が薄いのは、相次ぐ戦いに追われていたからである。四方を敵に囲まれた信長にとって最も大事なことは合戦に勝つことであり、織田政権は軍事最優先の政権になった。侵略戦争の勝利によって織田領は急速に拡大していったので、土地領有秩序の改変といった面倒な「構造改革」をしなくても、増えたパイを配るだけで事足りたのである。

信長が検地に関心を寄せるようになるのは、長篠の戦いで武田勝頼を破るなど、軍事的に余裕ができてからである。その嚆矢《こうし》となったのは天正《てんしょう》五年（一五七七）の越前検地である。織田政権の検地は越前（朝倉義景《よしかげ》の旧領）・播磨《はりま》（別所長治《べっしょながはる》らの旧領）・摂津（荒木村重らの旧領）など、新征服地での検地が多いのが特徴である。GHQの五大改革が典型的だが、占領者であるならば、しがらみなく大胆な改革が実行できるからだろう。

山城・近江など早い段階から織田領になった国でも検地は行なわれているが、これらは実際に竿《さお》を入れて測量する丈量《じょうりょう》検地ではなく、自己申告制の指出検地である。越前や播磨では丈量検地が行なわれたが、それぞれ越前を領する柴田勝家、播磨を領する羽柴秀吉（のちの豊臣秀吉）に実施方法は委任され、信長は細かい指示を出していない。

もっとも、信長のこうした態度は検地に限ったものではなく、信長は重臣に領国を与える際に領国支配に関する大まかな方針（「国掟《くにおきて》」）を与えるだけで、徴税や裁判などは概ね重臣の裁量に委ねていた。光秀や秀吉、勝家ら重臣の立場は、代官というよりは独立大名に近かったのである。

しかし、やり方は委任されているものの、結果が出せなければ信長から責任を追及される。こうした光秀や秀吉、勝家のような立場を学界では「織田大名」と呼ぶことがある。

こうした織田政権の検地の完成型と言えるのが、天正九年（一五八一）八月の丹後《たんご》検地である。丹後は細川藤孝《ふじたか》領だが、光秀と親交があった公家である吉田兼見《かねみ》の日記『兼見卿記』によれば、光秀も丹後検地に関与している。藤孝は信長の命によって光秀の下につけられた大名なので、丹後検地の最高責任者は光秀だったのだろう。検地終了後、信長は丹後の所領配分について藤孝だけでなく光秀にも通達している。

従来の織田政権の検地は、必ずしも一国全域にわたるものではなかったが、丹後検地は一国全体で実施し、国内武士の現在の知行高を把握したうえであらためて知行宛行をした。なお、谷口研語氏が指摘するように、すでに光秀の領国である丹波では指出検地が一部地域で実施されていたと思われる。丹波でもいずれは一国規模の丈量検地を行なう予定だったのではないだろうか。

光秀は前年の天正八年（一五八〇）に行なわれた大和検地で、滝川一益とともに奉行を務めている。大和検地は指出検地だが、大和国全域を対象にした大規模なものだった。光秀はこのときの経験を、丹後検地に活かしたのだろう。

しかし、天正八年になっても指出検地を行なっていることからもわかるように、信長は現地の反発を受けやすい丈量検地には慎重だった。信長研究で知られる谷口克広氏は「検地に関してはかなり遅れていたと認めざるをえない。これは、時期的な遅れではなく、信長があまり関心を払わなかったところに原因があるだろう。荘園領主と妥協して重層的権利関係を認めたり、安治《あわじ》村のような複雑な領有形態をそのままにしているのを見ると、とても近世的権力と評価するのは無理であろう」(『信長の政略』学研パブリッシング、二〇一三年)と結論づけている。

❖――「楽市楽座」は経済革命か

ところで経済の世界では、政府による無用な規制が既存の業者を過剰に保護する(新規参入を妨げる)結果となり、それゆえに自由競争が働かないという問題がしばしば指摘される。規制緩和、規制改革の必要性が説かれる所以である。

こうしたときにしばしば引き合いに出されるのが、織田信長の経済政策「楽市楽座」である。規制を撤廃することで既得権益を否定し、経済を活性化させたという信長のイメージは「楽市楽座」に負うところが大きい。しかし誤解されがちだが、楽市令は信長以前から多くの大名によって発令されており、信長の専売特許ではない。

楽市令は、取引をめぐる暴力事件などの禁止（治安維持の保障）、市場での売買に賦課される営業税の免除、市場への入場料の免除などによって、商人の来場を促して市場の振興を図る法令である。じつは信長の独創性は、従来から存在する楽市令に「楽座」を組み合わせ、「楽市楽座」というキャッチフレーズを創出したことにある。

座とは中世における同業者組合のことで、油座（照明に用いる燈油《とうゆ》などの油を製造販売）、麴座《こうじざ》（酒造のための麴を製造販売）、魚座、材木座などさまざまな座が各地に存在した。こうした座は商工業者の自治組織であると同時に、彼らだけで商品の流通を独占するカルテルでもあった。座に参加していない商人は、商業活動から排除されたのである。

こうした座組織は、商業慣行が未成熟だった時代においては、座商人たちの権利を守り、取引を円滑化させる意味をもっていた。けれども、時代が下り、商業取引が活発になっていくと、独占組織として新規参入を拒む座は、自由な経済活動を阻害するようになっていった。

ところが戦国大名は、時代遅れとなっていた座を解体しようとはしなかった。座から上納金を得ていたからである。

これに対し、信長は「楽座」を謳い、座の特権を否定した。座の構成員でなくても、自由に営業することができるようにしたのである。新興商人はもちろん、自分の生産物を売りたい農民にとっても「楽市」は魅力的な政策であった。

ただし、信長は座一般を廃止したわけではない。信長は、岐阜の加納市場や、安土の城下町など、特定の市場に限って「楽座」を実施した。自身の本拠地に商工業者を誘致しようとしたのである。

とくに安土の楽市令では、身分を問わず誰でも移住者を歓迎し保護することを強調している。これは、安土が既存の集落を大幅に拡張してつくられたニュータウンであり、積極的に他国から人を呼び込む必要があったからである。

信長は近畿地方を支配下に収めたが、大消費地である京都や奈良などにひしめく座組織の存続を認めている。たとえば座組織のなかでも最大規模の座として、大山崎（現在の京都府乙訓《おとくに》郡大山崎町）の油座があったが、引き続き活動を認可されている。

右に見た信長の姿勢は、世間に流布する革命児イメージに反するものだが、彼の現実主義を示すと考えられる。そもそも座が独占権をもっていたのは、将軍・公家・寺社などに献金し、その権威を後ろ盾にしていたからである。信長が京都・奈良の座を廃止すれば、この地域の旧勢力をすべて敵に回すことになる。征服戦争を遂行していた信長にしてみれば、お膝元で無用な摩擦は避けたかったに違いない。信長にとっての最重要事項は経済振興ではなく、領土の維持拡大だったのだ。

✣──軍事面でも革新性に乏しい

前述のように織田政権は内政より戦争に力を入れる軍事政権だが、それでは織田信長は、軍事面では革新者と言えるのだろうか。じつはそれも疑わしい。

一般に信長の軍隊は、兵農分離によって農村から切り離された専業の兵士によって構成されていたと思われている。だが、この通説には明確な史料的根拠がない。

信長は足利義昭を奉じて上洛し、義昭を征夷大将軍に就けたが、単独で足利義昭を支えていたわけではない。三好義継・松永久秀らは基本的には信長の同盟者であった。池田勝正・伊丹親興《ちかおき》・和田惟政《これまさ》・細川藤孝なども信長からの自立性が強く、同盟者に準ずる存在と言える。

その後、朝倉義景・浅井長政らが織田信長に敵対し、第一次信長包囲網が形成された。この段階では、信長の軍事行動は徳川家康をはじめとする同盟軍に大きく依存しており、指揮権が信長に一元化されていなかった。

加えて、上洛後の織田氏は畿内の武士たちを広範に取り込み急激に膨張するが、これは臣従した者たちの既得権をそのまま認めたからである。悪く言えば、織田軍は寄せ集めの軍団であり、専業兵士のみによって構成される常備軍など存在しなかった。

信長は休む間もなく各地を転戦しており、信長の馬廻衆《うままわり》（親衛隊）は農村から遊離した専業兵士の部隊だったかもしれない。事実、安土城築城後ではあるが、馬廻衆は妻子とともに安土の城下町に住むことを信長から強制されている。

けれども一橋大学名誉教授の池享《いけすすむ》氏は、馬廻衆が城下町に集住することはほかの戦国大名においても見られ、信長の画期的な施策とは言えない、と指摘している。長篠合戦で活躍した織田軍の鉄砲隊も、歴史研究家の藤本正行氏が指摘するように、あちこちの部隊から銃兵を引き抜いて編制した寄せ集め部隊であった。

✣――ブラック企業としての織田家

もちろん織田信長の覇権が確立するにつれ、外様《とざま》である現地武士は織田譜代家臣の下に編成されていき、混成部隊ではなく統率の取れた軍隊へと次第に成長していったはずである。だが問題は、その困難な仕事を担ったのは信長本人ではなく、明智光秀や羽柴秀吉ら「織田大名」だったことにある。信長は直臣である「織田大名」たちに丸投げしてしまうからだ。

天正八年八月、本願寺を降伏させた信長は、筆頭家老で本願寺攻めの最高責任者であった佐久間信盛を追放した。このとき信長は、信盛に送りほかの家臣たちにも公開した折檻状《せっかんじょう》で、明智光秀・羽柴秀吉・柴田勝家らに比べて信盛の戦果が乏しいことを指摘し、その原因として、知行が増えても信盛が新たに家臣を召し抱えたり家臣に加増したりせず、軍事力強化に不熱心だったことを挙げている（『信長公記《しんちょうこうき》』）。

信盛に対する信長の非難を「裏返せば、信長が直臣の所領高の把握をせず、それにみあう軍役量を規定していなかったことに原因があるともいえる。そうした規定があれば、信盛もそれに応じた家臣を抱えたはずである」と池上氏は読み解いた（『織田信長』）。正鵠《せいこく》を射たものだろう。

藤本正行氏も「武田家や北条家は軍役に関して細かい規定を定め、家臣たちに発給したのに対し、織田家ではドンブリ勘定で軍勢を集めたのだろうか」と訝《いぶか》しんでいる（『本能寺の変』）。そもそも信長は、検地によって家臣たちの知行を正確に把握しようとしていないので、知行高に対応した軍役を決定することなど不可能だっただろう。

何万石の知行なら何人の家臣を抱えよという客観的な基準がなく、軍功は信長の主観で事後的に評価される。最低限のノルマが示されていない以上、光秀ら重臣は限界以上の大軍を動員して、ライバルの重臣たちに見劣りしない成果を必死で出すしかない。この極端な成果主義、競争を煽る仕組みが織田軍の強さを生み出していた。

けれども、そのような際限ない軍役負担を課せられた「織田大名」の家臣たちは不満を鬱積《うっせき》させていき、また領国も確実に疲弊するが、家臣団編成や領国経営の結果責任はすべて光秀ら「織田大名」に帰せられる。信長の判断一つで、彼らはたちどころに失脚するかもしれないのだ。「織田大名」の信長への信頼と感謝、そして畏怖だけが、この体制を担保していた。

光秀の謀叛ばかりが注目されるが、光秀が決起する以前に信長に反旗を翻《ひるがえ》した者は多い。浅井長政、松永久秀、別所長治、荒木村重らである。とくに松永久秀と荒木村重に関しては、明智光秀と謀叛の理由が類似する。無制限の奉仕を要求する織田家のブラック企業的体質に対して、我慢の限界に達したと考えられるのだ。

信長の極度に軍事に偏重した政治体制は、即効性があり短期的には極めて有効ではあるが、早晩行き詰まることは目に見えていた。光秀の謀叛がなかったとしても、信長の覇業はどこかで破綻していたであろう。

✣——光秀謀叛の原因

さて、明智光秀が謀叛を起こした背景は何か。近年の歴史学界では、織田信長の四国政策の転換が大きく影響したという見解が有力である。四国政策転換説の概要を説明しよう。

天正三年（一五七五）、信長は土佐の長宗我部元親に対し、四国を「手柄次第に切取」ることを認めた。信長に敵対する四国の三好一族を牽制するための措置である。この際、光秀は長宗我部氏の取次（担当外交官、信長と元親の仲介役）に任命された。

ところが同年、三好康長が一族を裏切り、信長に降伏して河内半国守護に任命された。その後、信長は長宗我部元親と三好康長を両天秤にかけるようになったが、長宗我部氏の急速な勢力拡大に脅威を感じ、次第に康長の肩をもつようになった。

天正九年（一五八一）二月、三好康長が信長の許可を得て阿波《あわ》に入国し、勝瑞城《しょうずいじょう》を占拠した。康長は阿波北半国を制圧し、讃岐《さぬき》東部にも進出した。これを受けて信長は、長宗我部元親に対し土佐と阿波南半国の領有のみを認め、伊予・讃岐を返還するよう命じた。

長宗我部元親は信長の約束違反に激怒し、「四国は私が実力で征服した地であり、信長殿からいただいたものではないので、返す理由はない」と反発した（『元親記』）。信長と元親の対立を懸念した光秀は、家老である斎藤利三の兄で元親の義兄である石谷頼《いしがいより》辰《とき》（斎藤家から石谷光政の養子になった）を元親のもとに派遣したが（天正十年〈一五八二〉正月十一日斎藤利三書状、「石谷家文書」）、元親は説得に応じなかった。

そして天正十年五月、信長が新たな四国分割案を示した。すなわち、讃岐を織田信孝（信長の三男、信長の命令で康長の養子に）、阿波を三好康長に与え、伊予・土佐の帰属は追って決定する、というものであった（天正十年五月七日織田信孝宛て織田信長朱印状、「寺尾菊子氏所蔵文書」）。長宗我部氏の処遇についてはまったく言及されていない。信長の四国分割案は事実上、織田信孝を総司令官として長宗我部氏を攻め滅ぼすことを意味していた。

ここで光秀の立場を整理しておこう。信長と長宗我部元親が断交したことで、取次だった光秀は面目を失うことになった。光秀が信長の信頼を回復するには、四国攻めの司令官になって長宗我部氏を屈服させるしかない。

これはあり得ないことではない。長年、毛利氏の取次を務めていた羽柴秀吉は、織田氏と毛利氏が断交すると毛利氏討伐の司令官になっている。織田家中において最も毛利氏に関する情報と人脈をもっていたのが秀吉だったからである。光秀が四国攻めを担当することは十分にあり得たのである。

しかし前述のとおり、信長は天正十年五月、三男信孝を四国攻めの司令官に任命した。随行するのも丹羽長秀であり、明智光秀は四国攻めから排除された。おそらく信長は明智氏と長宗我部氏との親密な関係を問題視し、光秀に任せると手を抜く可能性があると判断したのだろう。

織田氏と長宗我部氏の関係が悪化した天正十年以降、光秀に大きな任務は与えられていない。天正十年二月から三月の武田攻めに従軍するものの、先鋒の織田信忠軍が武田氏を滅ぼしてしまい、戦功を立てることはできなかった。

その後も徳川家康の饗応、羽柴秀吉の援護など、脇役に甘んじた。かくして前途を悲

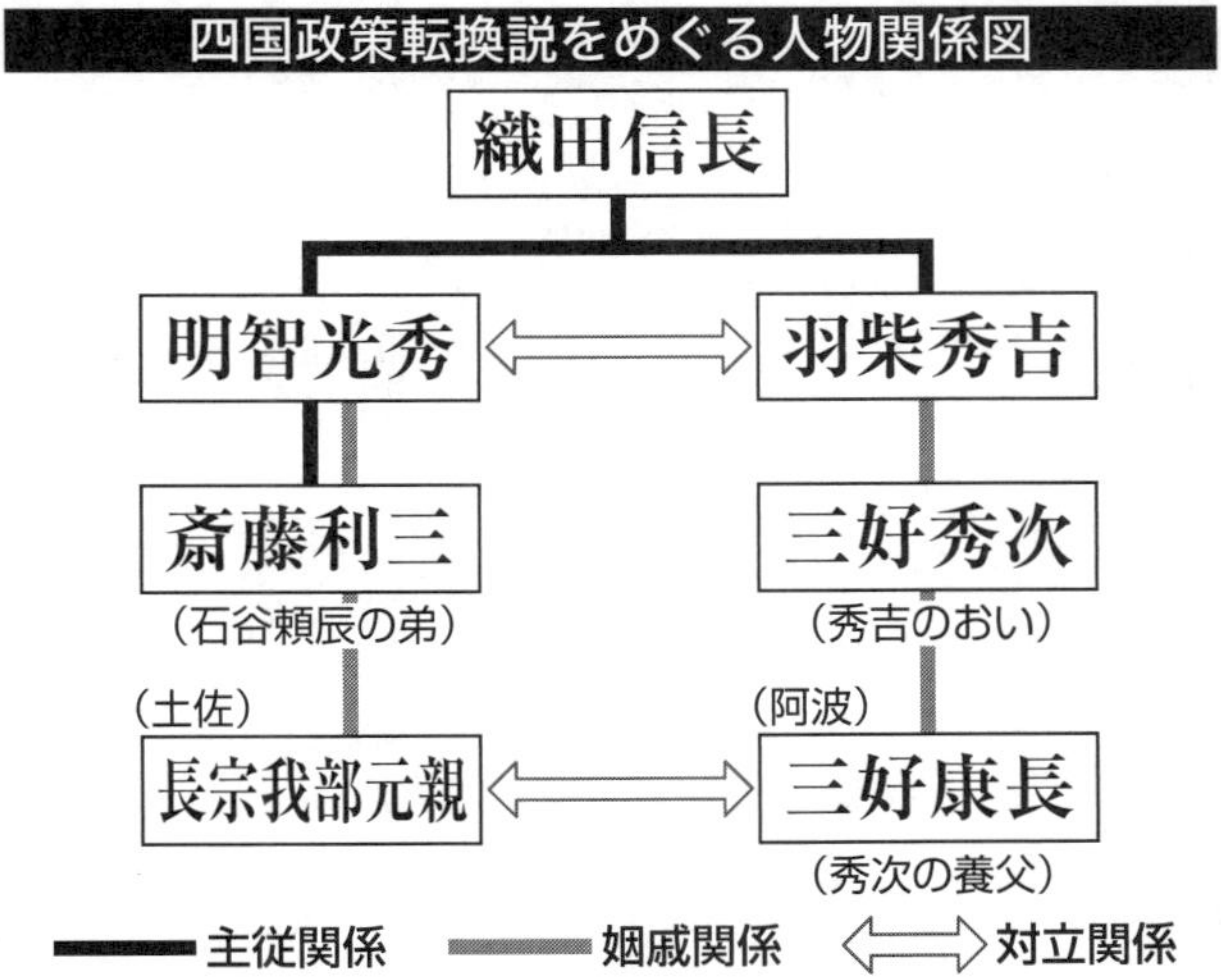

観していた明智光秀が、千載一遇の好機が訪れたために謀叛に踏みきった、というのが、四国政策転換説である。

✣——部下の不満に気づかない信長

以上に示したように、明智光秀が織田信長に反逆したのは、信長の改革路線に反発したからではなく、たんに左遷、冷遇されたという人事的な不満であった。部下を使い捨てにする信長の性格を考慮すると、佐久間信盛がそうであったように、光秀も最終的には領地没収・追放という末路をたどる恐れがあった。

しかし、信長は人の上に立つ者として、致命的な欠陥をもっていた。目下の人間が自分に対して抱く不満に気づかず、引き立ててやった自分に感謝しているに違いないと思い込んでしまうのである。

妹のお市の方を嫁がせた浅井長政が裏切ったという情報が入ったとき、信長は「お市を嫁がせて、北近江の支配を任せているのに、不満があるはずがない」と言って、信じようとしなかった。ところが続報が入り、長政の裏切りが確実とわかると、信長は慌てて逃げたのである（『信長公記』）。

松永久秀・荒木村重が謀叛を起こしたときも、使者を派遣して「何が不満なのか。望みがあるなら申すが良い」と説得しようとしている（『信長公記』）。自分が抜擢・重用した人間が自分に不満をもっていたことが、信長には理解できなかった。

けれども、信長は抜擢した人間をとことんまで使い倒し、用済みとなれば左遷・追放・粛清する。これでは取り立てられた人間であっても、不満をもつのは当然である。

ビジネス雑誌などでは「信長のリーダーシップに学ぶ」といった企画は多いが、企業経営者や管理職はむしろ、信長の人使いを反面教師とすべきだろう。

おわりに

本書をここまで読んできて、読者の皆さんはどのような印象を抱いただろうか。さまざまな失敗のパターンを目の当たりにして、決して現代の私たちと無縁ではないと思ったのではないだろうか。

当然だが、歴史上の有名な「敗者」は決して無能な人物ではない。敗者でありながら有名であるということは、その人物が少なくとも一時期は、成功、活躍していたことを意味するからである。

本書で取り上げた人物たちは、その典型と言えよう。源義経は知らぬ者のいない源平合戦の英雄であるし、西郷隆盛は維新三傑（西郷・大久保利通・木戸孝允）の一人である。山本五十六は世界の戦史上初めて、空母機動部隊の運用に成功し、航空主兵論の有効性を証明、海戦のあり方を革命的に転換した。

明智光秀・石田三成・田沼意次は、もともとの身分は低かったが、主君の信任を得て急速に出世し、絶大な権力を握った。こうした人間は、主君のご機嫌をとって成り上がったにすぎないと過小評価されがちである。とくに石田三成と田沼意次は「君側の奸」「佞臣《ねいしん》」と長らく非難されてきた。

だが、彼らがおべっかで出世したように語られてきたのは、彼らが「敗者」であることに起因する。歴史は勝者がつくるものだから、「敗者」への評価は不当に低くなる。実際には石田三成・田沼意次は、優れた事務処理能力、周旋能力を評価されて出世していったのである。

織田信長は言うまでもなく極めて優秀な戦国武将で、天下統一あと一歩のところまで行った。後鳥羽上皇も、将軍源実朝を通じて鎌倉幕府を支配しようとしており、現実の歴史では実現しなかった、朝廷が幕府を従える政治体制が成立する可能性もあった。

無能な人間ではなく、むしろ有能な人間がなぜ失敗し、「敗者」になったのか。本書では、この謎に挑んできた。

源義経や西郷隆盛は現場指揮官としては有能だったが、現場に固執するあまり視野が狭くなってしまい、大所高所からの判断ができなかった。

山本五十六は現場から遊離し、かといって本社・本部的な視点を貫徹したわけでもなかった。あるときは現場の意見を代表する体裁を取って本社を突き上げ、またあるときは上部組織の命令という形で現場の要望をねじ伏せた。

この使い分けが、海軍内で理解者の少なかった航空主兵論を山本が押し通すうえで一定の有効性を発揮したことは否定できない。事実、真珠湾攻撃では功を奏している。だが、ミッドウェー海戦では裏目に出た。山本の、現場でも本社でもない中途半端な立場からの独善的な判断がコミュニケーション不全を招き、大敗を喫したのである。

明智光秀は出自も定かでない貧乏武士から織田家の重臣に成り上がった。外様の光秀がこのような立身出世を遂げたのは、光秀が有能な軍政官だったからにほかならない。織田家の実力主義という家風に、野心的で優秀な光秀はぴったり合致していた。

そして、本能寺の変で首尾良く主君織田信長を討ったことからも、機を見るに敏で、迅速に隙のない奇襲作戦を立てる光秀の優秀さがうかがえる。だが、与えられた具体的な目標を達成することが得意な光秀は、自ら目標を次々と設定し、優先順位を決めていくトップには向いていなかった。最強のナンバー2が最高のナンバー1になれるとは限らないのである。

豊臣政権最強の官僚であった石田三成に対しても同様のことが言えよう。豊臣秀吉という絶対権力者によって完全に掌握され、円滑に機能している豊臣政権という組織を動かす点で、三成の右に出る者はいなかった。

けれども、秀吉というカリスマ的なオーナー社長を失い、組織が分裂し主導権争いが激化していくと、多数派工作によって組織の主流派になるという政治的な駆け引きが三成には求められた。

ところが、三成はこうした権力闘争を不得手としていた。七将襲撃事件でいったん失脚した後、徳川家康の留守を衝いて挙兵した気骨と策謀は、三成が単なる優秀な官僚にとどまらないことを示している。とはいえ、新たに立ち上げた「西軍」という寄り合い所帯の組織を運営する力量を欠いていたため、三成は敗北するに至ったのである。

田沼意次に関しては、本編でも紹介したように、近年は「汚職政治家」という悪評が見直され、その大胆な経済政策が賞賛されている。田沼の政策が個性的なものであったことは事実である。

通常、幕府の政治は老中たちの合議制で決まるので、特定の老中の意見が強く反映された政策が実行されることは少ない。しかし田沼意次は将軍徳川家治の絶大な信頼を背景に、幕府内の要職を自分の派閥で固めた。このため、形式的には合議制でも実質的には田沼の独断専行で幕府は運営された。いきおい、田沼時代の政策は田沼個人の考えがストレートに反映された独自性の強いものになった。

しかしながら、田沼の政策は表面的には斬新であるものの、幕府財政の再建という幕府の長年の課題を解決することを目的としているという点では前例踏襲的であった。田沼は幕府という巨大組織の中で出世した人物であり、ゆえにその発想は幕府という枠を超えることがなかった。幕府財政の再建を第一とする組織の論理を無批判に受容し、その枠内で考え動くところに、田沼の限界がある。スケールが小さく収まってしまい、真に型破りな発想が出てこないサラリーマン社長の弱点を考えるうえで貴重な事例と言えよう。

合議制は平和な江戸時代だけの決定方式ではない。戦国大名と言えども、譜代の重臣たちの合議体制に支えられていることが多く、大名当主が独断で物事を進めることは難しかった。現代で言えば、取締役会の賛成を得なければならないようなものである。

そのようななか、トップダウンを貫いた織田信長は異色の大名である。ゆえに、カリスマ的なオーナー社長として現代のビジネス書でもしばしば礼賛されるが、では、なぜ信長が天下を取れなかったのか。どうして明智光秀に裏切られたのか。本書では、あまり語られることのないこの問題を考察した。

そこで浮かび上がったのは、織田家のブラック企業的な体質である。信長は極めて有能かつ勤勉な武将であったが、それゆえに部下への要求水準が非常に高かった。自分が頑張っているのだからお前らも頑張れ、自分にできるのだからお前らにもできるはずだ、という考えであろう。

明智光秀のような優秀で献身的な武将は、たしかに抜擢される。だが、その実力主義・成果主義を無条件で賞賛することはできない。信長は取り立てた者に対し無制限の奉仕を要求する。その無限に続く要求に耐えきれなくなった武将は、信長にあっけなく切り捨てられる。用済み扱いされた者は、粛清を甘受するか、反乱に踏み切るしかない。

信長は信頼を寄せていた者からしばしば裏切られており、光秀の謀叛が最初ではない。反乱が続発する状況を踏まえると、本能寺の変の原因を信長と光秀の個人的・感情的な対立や光秀の天下取りの野心に求めることはできない。本能寺の変は、織田家というブラック企業の必然的帰結であり、信長のガバナンスの失敗と捉えるべきである。信長は、取り立てた者たちが自分に感謝していると思い込んでおり、裏切るかもしれないなどとは少しも考えていなかったようである。

こうした自己の権威やカリスマ性への過信という錯誤は、後鳥羽上皇にも共通する。文武両道の専制君主として公家たちから畏怖され、在京の武士たちから崇められていた後鳥羽は、自分が北条義時討伐の命令を発すれば、全国の武士たちが雪崩を打って自分の下に馳せ参じると確信していた。結果がまったく逆であったことは、すでに述べたとおりである。

優秀で積極的でリーダーシップを発揮するトップは、外から見るとそれだけで理想的に映る。けれども、その種のワンマン社長が、仕える部下たちにとっては異論を許さない傲慢な独裁者であることは珍しくない。ビジネス書ではカリスマリーダーへの礼賛が目立つが、その影の側面にも目を向けるべきだろう。

歴史に名を残す偉人名将であっても陥りがちな罠。現代の私たちもまた、同じ落とし穴にはまらないよう注意しなければならない。

主要参考文献

第一章

〈源義経〉
五味文彦『源義経』岩波新書、二〇〇四年
菱沼一憲「源義経の挙兵と土佐房襲撃事件」『日本歴史』六八四、二〇〇五年
同右『源義経の合戦と戦略　その伝説と実像』角川選書、二〇〇五年
元木泰雄『源義経』吉川弘文館、二〇〇七年
同右『源頼朝　武家政治の創始者』中公新書、二〇一九年

〈西郷隆盛〉
家近良樹『西郷隆盛　人を相手にせず、天を相手にせよ』ミネルヴァ書房、二〇一七年
落合弘樹『西南戦争と西郷隆盛』吉川弘文館、二〇一三年
川道麟太郎『西郷「征韓論」の真相　歴史家の虚構をただす』勉誠出版、二〇一四年
田中惣五郎『西郷隆盛』吉川弘文館、一九八五年
毛利敏彦『明治六年政変』中公新書、一九七九年

〈山本五十六〉
生出寿『凡将　山本五十六』徳間文庫、一九八六年
大木毅『「太平洋の巨鷲」山本五十六　用兵思想からみた真価』角川新書、二〇二一年
田中宏巳『山本五十六』吉川弘文館、二〇一〇年
千早正隆『日本海軍の驕り症候群』プレジデント社、一九九〇年
戸部良一ほか『失敗の本質　日本軍の組織論的研究』ダイヤモンド社、一九八四年
野村實『天皇・伏見宮と日本海軍』文藝春秋、一九八八年
秦郁彦編『太平洋戦争のｉｆ　絶対不敗は可能だったか？』グラフ社、二〇〇二年

第二章

〈明智光秀〉
天野忠幸『松永久秀と下剋上　室町の身分秩序を覆す』平凡社、二〇一八年
小和田哲男『明智光秀と本能寺の変』ＰＨＰ文庫、二〇一四年
同右『明智光秀・秀満　ときハ今あめが下しる五月哉』ミネルヴァ書房、二〇一九年
金子拓『信長家臣明智光秀』平凡社新書、二〇一九年
桐野作人『だれが信長を殺したのか　本能寺の変・新たな視点』ＰＨＰ新書、二〇〇七年
桑田忠親『明智光秀』講談社文庫、一九八三年

藤田達生『本能寺の変』講談社学術文庫、二〇一九年
藤本正行『本能寺の変　信長の油断・光秀の殺意』洋泉社歴史新書y、二〇一〇年
渡邊大門編『戦国史の俗説を覆す』柏書房、二〇一六年

〈石田三成〉
笠谷和比古『関ヶ原合戦と近世の国制』思文閣出版、二〇〇〇年
同右『関ヶ原合戦と大坂の陣』吉川弘文館、二〇〇七年
同右『論争　関ヶ原合戦』新潮選書、二〇二二年
白峰旬『新「関ヶ原合戦」論　定説を覆す史上最大の戦いの真実』新人物往来社、二〇一一年
同右『新解釈　関ヶ原合戦の真実　脚色された天下分け目の戦い』宮帯出版社、二〇一四年
同右「豊臣七将襲撃事件（慶長4年閏3月）は「武装襲撃事件」ではなく単なる「訴訟騒動」である　フィクションとしての豊臣七将襲撃事件」（別府大学史学研究会『史学論叢』四八、二〇一八年）
同右編著『関ヶ原大乱、本当の勝者』朝日新書、二〇二〇年
谷徹也編著『石田三成』戎光祥出版、二〇一八年
中野等『石田三成伝』吉川弘文館、二〇一六年
水野伍貴『関ヶ原への道　豊臣秀吉死後の権力闘争』東京堂出版、二〇二一年
光成準治『関ヶ原前夜　西軍大名たちの戦い』ＮＨＫブックス、二〇〇九年

〈田沼意次〉
大石慎三郎『田沼意次の時代』岩波書店、一九九一年
藤田覚『田沼意次　御不審を蒙ること、身に覚えなし』ミネルヴァ書房、二〇〇七年

第三章――――――――――――――――――――

〈後鳥羽上皇〉
坂井孝一『承久の乱　真の「武者の世」を告げる大乱』中公新書、二〇一八年
〈織田信長〉
池享「天下統一と朝鮮侵略」（同編『日本の時代史13　天下統一と朝鮮侵略』）吉川弘文館、二〇〇三年
池上裕子『織田信長』吉川弘文館、二〇一二年
今谷明『信長と天皇　中世的権威に挑む覇王』講談社学術文庫、二〇〇二年
神田千里『織田信長』ちくま新書、二〇一四年
谷口克広『信長の政略　信長は中世をどこまで破壊したか』学研パブリッシング、二〇一三年
谷口研語『明智光秀　浪人出身の外様大名の実像』洋泉社歴史新書y、二〇一四年
堀新『織豊期王権論』校倉書房、二〇一一年

［写真・図版出所］

p19　源義経（サイネットフォト）
p21　『吾妻鏡』（国立公文書館）
p23　源氏略系図（各種資料をもとに作成）
p39　西郷隆盛（国立国会図書館「近代日本人の肖像」）
p41　大久保利通（国立国会図書館「近代日本人の肖像」）
p43　西郷従道（国立国会図書館「近代日本人の肖像」）
p52　征韓議論図（東京経済大学図書館デジタルアーカイブ）
p73　熊本城（編集部撮影）
p75　西南戦争関連地図（外園豊基編『最新日本史図表　三訂版』第一学習社をもとに作成）
p81　山本五十六（国立国会図書館「近代日本人の肖像」）
p83　米内光政（国立国会図書館「近代日本人の肖像」）
p95　真珠湾攻撃（サイネットフォト）
p125　明智光秀（サイネットフォト）
p146　石田三成（サイネットフォト）
p148　徳川家康（サイネットフォト）
p177　1600年、関ヶ原の戦いまでの流れ（各種資料をもとに作成）
p190　田沼意次（サイネットフォト）
p201　『赤蝦夷風説考』（国立公文書館）
p213　後鳥羽上皇（サイネットフォト）
p215　将軍と北条氏の関係（各種資料をもとに作成）
p226　織田信長（サイネットフォト）
p243　四国政策転換説をめぐる人物関係図（『日本経済新聞』2014年7月22日「本能寺の変　『四国説』真実味」記事をもとに作成）

図版作成：宇梶勇気

初出一覧

月刊『Ｖｏｉｃｅ』での著者の連載「日本史は『敗者』に学べ」より。第三章「後鳥羽上皇」のみ、同誌二〇二二年十二月号「承久の乱にみる『敗者に学ぶ歴史』」より。

第一章
源義経：二〇二四年五月号
西郷隆盛：二〇二四年三月号・四月号
山本五十六：二〇二四年九月号・十月号
第二章
明智光秀：二〇二四年六月号
石田三成：二〇二四年七月号・八月号
田沼意次：二〇二四年十一月号
第三章
後鳥羽上皇：二〇二二年十二月号
織田信長：二〇二四年二月号

連載担当：水島隆介
編集担当：中西史也

呉座勇一［ござ・ゆういち］

国際日本文化研究センター助教。1980年、東京都生まれ。東京大学大学院人文社会系研究科博士課程修了。博士（文学）。東京大学大学院人文社会系研究科研究員、東京大学大学院総合文化研究科学術研究員などを経て現職。日本中世史専攻。著書に『日本中世の領主一揆』（思文閣出版）、『一揆の原理』（ちくま学芸文庫）、『応仁の乱』（中公新書）、『頼朝と義時』（講談社現代新書）、『戦国武将、虚像と実像』（角川新書）、『動乱の日本戦国史』（朝日新書）など。

PHP新書

PHP INTERFACE
https://www.php.co.jp/

日本史 敗者の条件

PHP新書 1418

二〇二五年一月二十九日 第一版第一刷
二〇二五年五月 八 日 第一版第四刷

著者――呉座勇一
発行者――永田貴之
発行所――株式会社PHP研究所
東京本部――〒135-8137 江東区豊洲5-6-52
ビジネス・教養出版部 ☎03-3520-9615（編集）
普及部 ☎03-3520-9630（販売）
京都本部――〒601-8411 京都市南区西九条北ノ内町11
組版――株式会社PHPエディターズ・グループ
装幀者――芦澤泰偉＋明石すみれ
印刷所
製本所――TOPPANクロレ株式会社

ISBN978-4-569-85845-6

ＰＨＰ新書刊行にあたって

「繁栄を通じて平和と幸福を」(PEACE and HAPPINESS through PROSPERITY)の願いのもと、ＰＨＰ研究所が創設されて今年で五十周年を迎えます。その歩みは、日本人が先の戦争を乗り越え、並々ならぬ努力を続けて、今日の繁栄を築き上げてきた軌跡に重なります。

しかし、平和で豊かな生活を手にした現在、多くの日本人は、自分が何のために生きているのか、どのように生きていきたいのかを、見失いつつあるように思われます。そして、その間にも、日本国内や世界のみならず地球規模での大きな変化が日々生起し、解決すべき問題となって私たちのもとに押し寄せてきます。

このような時代に人生の確かな価値を見出し、生きる喜びに満ちあふれた社会を実現するために、いま何が求められているのでしょうか。それは、先達が培ってきた知恵を紡ぎ直すこと、その上で自分たち一人一人がおかれた現実と進むべき未来について丹念に考えていくこと以外にはありません。

その営みは、単なる知識に終わらない深い思索へ、そしてよく生きるための哲学への旅でもあります。弊所が創設五十周年を迎えましたのを機に、ＰＨＰ新書を創刊し、この新たな旅を読者と共に歩んでいきたいと思っています。多くの読者の共感と支援を心よりお願いいたします。

一九九六年十月

ＰＨＰ研究所

1213 岩崎小彌太　武田晴人
1217 縄文文明と中国文明　関 裕二
1218 戦国時代を読み解く新視点　歴史街道編集部［編］
1228 太平洋戦争の名将たち　歴史街道編集部［編］
1243 源氏将軍断絶　坂井孝一
1255 海洋の日本古代史　関 裕二
1266 特攻隊員と大刀洗飛行場　安部龍太郎
1267 日本陸海軍、失敗の研究　歴史街道編集部［編］
1269 緒方竹虎と日本のインテリジェンス　江崎道朗
1276 武田三代　平山 優
1279 第二次大戦、諜報戦秘史　岡部 伸
1283 日米開戦の真因と誤算　歴史街道編集部［編］
1296 満洲国と日中戦争の真実　歴史街道編集部［編］
1308 女系で読み解く天皇の古代史　関 裕二
1311 日本人として知っておきたい琉球・沖縄史　原口 泉
1312 服部卓四郎と昭和陸軍　岩井秀一郎
1316 世界史としての「大東亜戦争」　細谷雄一［編著］
1318 地政学と歴史で読み解くロシアの行動原理　亀山陽司
1319 日本とロシアの近現代史　歴史街道編集部［編］
1322 地政学で読み解く日本合戦史　海上知明
1323 徳川家康と9つの危機　河合 敦
1335 昭和史の核心　保阪正康
1340 古代史のテクノロジー　長野正孝
1345 教養としての「戦国時代」　小和田哲男
1347 徳川家・松平家の51人　堀口茉純
1350 三大中国病　石 平
1351 歴史を知る読書　山内昌之
1355 謙信×信長　乃至政彦
1357 日本、中国、朝鮮 古代史の謎を解く　関 裕二
1358 今村均　岩井秀一郎
1359 近代日本暗殺史　筒井清忠
1363 人口からみた宗教の世界史　宮田 律
1364 太平洋戦争・提督たちの決断　半藤一利
1366 「食」が動かした人類250万年史　新谷隆史
1370 『源氏物語』のリアル　繁田信一
1372 家康の誤算　磯田道史
1375 悩める平安貴族たち　山口 博
1376 ヒッタイト帝国　津本英利
1377 徳川家康の経済政策――その光と影　岡田 晃
1379 昭和史の明暗　半藤一利
1401 蔦屋重三郎《じゅうざぶろう》と田沼時代の謎　安藤優一郎
1405 消された王権 尾張氏の正体　関 裕二
1406 中国を見破る　楊 海英
1408 中国ぎらいのための中国史　安田峰俊

1282 データエコノミー入門　野口悠紀雄
1295 101のデータで読む日本の未来　宮本弘曉
1299 なぜ、我々はマネジメントの道を歩むのか［新版］　田坂広志
1329 51のデータが明かす日本経済の構造　宮本弘曉
1337 プーチンの失敗と民主主義国の強さ　原田 泰
1342 逆境リーダーの挑戦　鈴木直道
1348 これからの時代に生き残るための経済学　倉山 満
1353 日銀の責任　野口悠紀雄
1371 人望とは何か？　眞邊明人
1392 日本の税は不公平　野口悠紀雄
1393 日本はなぜ世界から取り残されたのか　サム田渕
1414 入門 シュンペーター　中野剛志

［人生・エッセイ］

377 上品な人、下品な人　山﨑武也
742 みっともない老い方　川北義則
827 直感力　羽生善治
938 東大卒プロゲーマー　ときど
1067 実践・快老生活　渡部昇一
1112 95歳まで生きるのは幸せですか？　瀬戸内寂聴／池上 彰
1132 半分生きて、半分死んでいる　養老孟司
1134 逃げる力　百田尚樹
1147 会社人生、五十路《いそじ》の壁　江上 剛
1148 なにもできない夫が、妻を亡くしたら　野村克也
1158 プロ弁護士の「勝つ技法」　矢部正秋
1179 なぜ論語は「善」なのに、儒教は「悪」なのか　石 平
1211 保険ぎらい　荻原博子
1301 病院に行かない生き方　池田清彦
1310 老いの品格　和田秀樹
1313 孤独を生きる　齋藤 孝
1320 おっさん社会が生きづらい　小島慶子
1352 折れない心 人間関係に悩まない生き方　橋下 徹
1361 ニーチェ 自分を愛するための言葉　齋藤 孝
1365 高校生が感動した数学の物語　山本俊郎

［自然・生命］

1016 西日本大震災に備えよ　鎌田浩毅
1257 京大 おどろきのウイルス学講義　宮沢孝幸
1272 「性」の進化論講義　更科 功
1349 なぜ私たちは存在するのか　宮沢孝幸
1407 M9《マグニチュード》地震に備えよ 南海トラフ・九州・北海道　鎌田浩毅